TODO ES AMOR

Primera edición: abril de 2024
Título original: *It's All Love*

Diseño de cubierta: Alison Impey y Larsson McSwain
Ilustración de cubierta: Ali Mac
Corrección: Paula Blàzquez, Sara Barquinero

Publicado por Principal de los Libros
C/ Roger de Flor n.º 49, escalera B, entresuelo, despacho 10
08013 Barcelona
info@kitsunebooks.org
www.kitsunebooks.org

ISBN: 978-84-18524-25-7
THEMA: YXW
Depósito Legal: B 6255-2024
Preimpresión: Cathy Bobak | Taller de los Libros
Impresión y encuadernación: Liberdúplex
Impreso en España — *Printed in Spain*

JENNA ORTEGA

Todo es Amor

REFLEXIONES
— PARA TU —
CORAZÓN Y ALMA

Traducción de
CLAUDIA CASANOVA

Kitsune Books

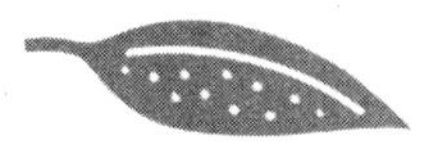

ÍNDICE

Interactúo con el mundo desde un lugar de amor y luz. Veo mi propia historia en la de muchas personas que se ponen en contacto conmigo a través de las redes sociales o me paran por la calle para compartir sus luchas. Conecto con seguidores cuyos idiomas, estilos de vida y creencias difieren mucho de los míos. Sin embargo, a pesar de lo poco que tenemos en común, conectamos como personas que se enfrentan a las mismas dudas e inseguridades, que quieren mirarse en el espejo y encontrar amor en su reflejo. En la vida he tenido mucha suerte en muchos sentidos, pero también me he enfrentado a momentos difíciles. Cuando veo un mensaje de un fan que me cuenta que se siente solo o no cree en su poder, me siento identificada. Porque yo también me he sentido así. Quiero que mis lectores sepan que no están solos. Todos somos más parecidos de lo que creemos. Estamos juntos en esto. Todo es amor.

Mi mayor esperanza es que la honestidad y el corazón que he volcado en estas páginas traigan algo de amor y luz a vuestra vida. Hay tanto que quiero decir sobre el poder que todos llevamos dentro para ser amables con los demás, para ayudarnos mutuamente, para tratarnos bien a nosotros mismos a medida que crecemos en este viaje. Compartiré historias íntimas y personales sobre cómo recibir con los brazos abiertos la confianza y la autoestima, asumir riesgos y trabajar con el estrés y la ansiedad. Espero que, al compartir mis vivencias y los consejos que he aprendido tras haber vivido esas experiencias, pueda ayudar a mis lectores a afrontarlas.

He tenido la suerte de poder seguir mi pasión por la interpretación y hacer lo que me gusta cada día. Necesité mucho valor y determinación para lanzarme a probar suerte en ese mundo, para luchar por papeles de los que no estaba segura, para considerarme una opción digna para grandes proyectos. La idea de fracasar puede dar miedo, pero apostar por uno mismo merece la pena. Todos estamos en nuestro propio viaje. Es fácil compararme con los demás. A veces me resulta difícil apreciar mi éxito y el progreso que tanto me ha costado conseguir hacia mis objetivos mientras los demás están en sus propias trayectorias (en ocasiones más rápidas). Es una práctica que tenemos que vivir cada día. A veces ganamos y a veces no. Pero siempre podemos levantarnos a la mañana siguiente dispuestos a intentarlo de nuevo. Nunca dejéis que vuestros miedos os impidan trabajar por vuestros sueños. Estáis al frente de vuestra historia.

Con todo mi amor,
Jenna

VIVE CON AMOR

TODO LO QUE HAGO ESTÁ IMPULSADO POR EL AMOR.

La forma en que me relaciono con el mundo nace de un lugar de amor y luz. He aprendido a no criticar, a no dejarme atrapar por la energía negativa y a no hablar mal de los demás. En los temas que me apasionan y en los que participo, me comunico de forma positiva para unir a la gente y tratar temas importantes sin odio. Y cuando no tengo el suficiente conocimiento sobre algo, me aseguro de informarme. Cuando estoy trabajando, intento llevar conmigo el amor y el optimismo al plató todos los días. Me encanta mi oficio y estoy muy agradecida de poder dedicarme a mi pasión. Dejo que ese amor se derrame de pequeñas y grandes formas: hacer cosas bonitas y atentas por la gente con la que trabajo es algo que vale mucho la pena. Madrugar, trasnochar y las jornadas laborales largas a menudo son un reto, pero nunca logran hundirme. Siempre recuerdo lo agradecida que estoy por el mero hecho de trabajar. Todo es un privilegio.

PRIORIZA
LA AMABILIDAD.

Un coprotagonista me señaló en una ocasión que cada vez que me relaciono con alguien nuevo en el plató, le hago un cumplido. Al principio, me preocupaba que eso significara que estaba siendo aduladora. Pero me ayudó a comprender que cuando estaba en un momento muy oscuro de mi vida y alguien me hacía un cumplido, aunque fuera sobre algo insignificante como mis zapatos, me levantaba el ánimo. Interioricé esa lección, y ahora siempre busco algo que apreciar en el otro cuando conectamos por primera vez. Nunca se sabe si esa persona tiene un mal día, y puede que un pequeño cumplido le ayude a sonreír. Solo quiero hacer cosas amables, todo lo demás es una pérdida de tiempo y energía. Ser mezquino no mejora tu estado de ánimo. ¿Por qué no buscar algo positivo?

PONTE LOS MISMOS
ESTÁNDARES QUE LE
PEDIRÍAS A TU AMIGA
O A TU HERMANA.
NUNCA ACEPTES
MENOS.

Animo a mis amigos a que se fijen en los rasgos de personalidad de las personas a las que admiran, no solo en su aspecto. Alguien que puede desafiarte intelectualmente y enseñarte algo nuevo sobre ti es alguien con quien puedes construir una amistad. Las mejores relaciones siempre se basan primero en la amistad. En lugar de dejarme llevar por la atención que me presta el otro, o por una atracción inicial, me recuerdo a mí misma que debo llegar a conocer realmente a esa persona. La confiabilidad, el optimismo y el sentido del humor me resultan muy atractivos. La vida es estresante, así que necesito a alguien que me ayude a sentirme bien y a ver lo positivo. También considero que la amabilidad es la cualidad más atractiva en un chico. Cuando me gusta alguien, quiero ver cómo trata a otras personas que no tienen nada que darle a cambio, y si es amable por el mero hecho de serlo.

CREO QUE HAY GENTE
QUE ESTÁ DESTINADA
A ESTAR EN TU VIDA
POR ALGUNA RAZÓN.
PUEDES TENER MÁS DE
UN ALMA GEMELA.

Tengo la suerte de contar con un grupo de mejores amigos que han crecido conmigo. Una de mis amigas más íntimas y yo conectamos hace poco a un nivel más profundo, con largas conversaciones sobre el universo, la política y la justicia social, nuestro futuro y lo rápido que se nos echa encima la edad adulta. Compartimos opiniones sobre las cosas que importan, y tenemos el mismo sentido del humor, seco y sarcástico. Siento que puedo hablar con ella de cosas sobre las que no puedo hacerlo con otras personas. Me ofrece un espacio sin prejuicios en el que dialogar en momentos difíciles o estresantes. Tengo mucha suerte de tener una amiga que me comprende y conecta conmigo tan profundamente. Lo cierto es que no puedo imaginar mi vida sin ella. Me conoce, me ve, me apoya y me aprecia, y me ama incondicionalmente. ¿De qué otra forma describirías a un alma gemela?

TEN PACIENCIA CON UN CORAZÓN ROTO.

Cuando pierdes a un ser querido, es difícil distanciarte de las emociones y los recuerdos. Sanar es un proceso, y no ocurre de la noche a la mañana. Una relación es algo que solo existe entre tú y esa otra persona: nadie más entenderá realmente lo que significaba para ti, y nadie más puede saber con certeza cuándo ha llegado el momento de seguir adelante.

Del mismo modo que es importante valorar y respetar tus recuerdos, es aún más importante recordar que tienes que seguir adelante y crear otros nuevos. ¡Sigue viviendo la vida! Cuando estás demasiado centrada en el pasado, corres el riesgo de quedarte atascada en él. A veces veo a un amigo tan absorto en el duelo por el final de una relación, que se olvida de salir con sus amigos y crear nuevos recuerdos. Intenta no aferrarte a cosas que no te hacen crecer. No digo que tengas que pasarte horas borrando fotografías de tu Instagram, pero tampoco abarrotes tu espacio con recuerdos o fotos. Esos lazos con el pasado solo te frenarán.

SE APRENDE TANTO
DE LAS MALAS
RELACIONES
COMO DE LAS
BUENAS.

Estoy agradecida por todas las relaciones de mi vida, buenas y malas, porque todas han contribuido a mi crecimiento. Algunas veces, las relaciones difíciles acaban enseñándote más que las hermosas, por duras que puedan ser esas lecciones.

Había una chica de la que me hice amiga en secundaria. Era nueva en la ciudad, así que la acogí y la presenté a mis amigos. Al principio era muy dulce, pero no tardó en mostrar su verdadera cara. Me quedé destrozada. Causó problemas entre mis amistades más cercanas sin motivo alguno. Desde entonces, soy cautelosa con las personas a las que dejo entrar en mi círculo social más íntimo, y soy abierta y directa si surge algún problema con una amiga. Esto ha hecho que aprecie aún más mis verdaderas amistades.

NUNCA DUDES
DE TU CAPACIDAD
DE AMAR A LOS DEMÁS
Y DE TU CAPACIDAD
DE RECIBIR AMOR.

Todo el mundo tiene inseguridades, y muchas personas pasan por momentos en los que sienten que no son dignos de amor. Créeme, yo también lo he sufrido. Cuando me siento muy insegura y deprimida, tiendo a aislarme de las personas que más quiero para no arrastrarlas a un pozo negro. Mis inseguridades actúan como un muro. Pero entonces pienso en mi familia y en mis amigos, en lo increíbles que son, y me pregunto qué he hecho para merecerlos. ¿Y sabes lo que he aprendido? Es en esos periodos de desaliento cuando más los necesito.

CONFÍA EN TUS AMIGOS
CUANDO TE DICEN
LO QUE VEN EN TI
Y REFLEJA SU PROPIA
BONDAD.

Cuando me siento excesivamente crítica conmigo misma, confío en mis amigos y familiares y en su amor por mí. Si se preocupan lo suficiente como para apoyarme y amarme, tengo que confiar en que ven algo especial en mí, aunque yo no pueda verlo.

No necesitas un montón de personas en tu círculo, solo unas pocas importantes que reflejen tu valor y te den paz cuando no puedas encontrarla por tu cuenta.

NO CREO EN EL AMOR A PRIMERA VISTA. CREO EN EL AMOR DESPUÉS DE CONSTRUIR LA CONFIANZA Y LA AMISTAD.

El amor a primera vista suena muy emocionante: dulce, inocente, y puro. Pero el amor, para mí, es algo que se construye mediante la confianza y la conexión. Es un viaje que emprendes con otro ser humano, no empiezas en la línea de meta. Para mí, el amor es saber que alguien va a estar a tu lado en todo momento, en lo bueno y en lo malo. Se construye con el tiempo: tal vez empieza con un deseo inicial, y luego con el desarrollo de una amistad a medida que os conocéis. Eso es lo que conduce al amor.

NO CONFUNDAS EL ENAMORAMIENTO CON EL AMOR.

Creo en el deseo a primera vista: ¡el enamoramiento es una sensación muy poderosa! Puede nublar tu juicio y llevarte a confiar en alguien más de lo que deberías. Yo no me puedo resistir al sentido del humor y a los chicos con pasión por su oficio. Respeto a alguien que se esfuerza en su trabajo, sea cual sea. Aunque esas cualidades me atraen mucho y me llaman la atención de inmediato, he tenido que aprender la diferencia entre el amor y el enamoramiento.

He aprendido a frenar el impulso de esa atracción inicial y a comprender realmente a alguien antes de lanzarme. Es fácil conocer a alguien y sumergirse en la fantasía de estar con esa persona. Intento limitar cuánto tiempo pienso en alguien nuevo, para mantenerme firmemente anclada en la realidad. No miro sus redes sociales para saber más de él. Tengo la disciplina de retirarme y dejar que lo que vaya a ocurrir, suceda. Puede que te lleve unos cuantos intentos, pero es posible hacer lo mismo. También me centro en el amor que siento por mi familia y amigos, y lo comparo con lo que siento por un chico para recordarme que salir con alguien no es tan intenso como puede parecer.

SI BUSCAS
LO NEGATIVO,
LO ENCONTRARÁS.
BUSCA LO POSITIVO
Y DATE PERMISO
PARA ASOMBRARTE.

Soy alguien que ha pasado por muchas situaciones y personas decepcionantes, y trabajo en ello cada día. Llegué a un punto en el que construí un muro para protegerme. Pero cuando construyes muros, bloqueas tanto lo bueno como lo malo. Creo que es importante otorgar el beneficio de la duda, darles la oportunidad de mostrarte quiénes son y de qué van. Eso no significa abrirse a una persona nueva de inmediato y contarle tus secretos más íntimos y profundos antes de que pueda comprenderte. Siempre seré un poco precavida y protectora, pero quiero dejar la puerta abierta a personas y amistades nuevas. Quiero dejarme sorprender por amistades y perspectivas interesantes.

INTENTO MANTENER
LA PALABRA «ODIO»
FUERA DE MI
VOCABULARIO.

No sabes cuánto me disgusta la palabra «odio». Cuando estaba en un lugar oscuro y me encontraba muy mal conmigo misma, era una palabra que utilizaba a menudo. No me gustaba cómo me sentía y me comportaba de forma totalmente mezquina con los demás.

Afortunadamente, me he dado cuenta de que regodearme en mi baja autoestima no era bueno para mí. De hecho, empecé a mejorar cuando me dije que no volvería a utilizar la palabra «odio» nunca más. Lo que decimos a los demás, y sobre todo lo que nos decimos a nosotros mismos, afecta a nuestro estado emocional y a nuestra energía. Ahora intento utilizar términos y formas de ser más ligeras porque quiero rodearme de luz, positividad y amor. Creo que manifiestas lo que entregas al mundo.

En los últimos años, he aprendido a reformular mis pensamientos negativos y transformarlos en positivos o, como mínimo, en menos negativos. Si me miro al espejo y siento que estoy a punto de señalar un defecto, sustituyo ese pensamiento por otro basado en el aprecio o la neutralidad. O si voy a una audición o a un acto público, o incluso a una clase de gimnasia, algo que me intimide, me recuerdo por qué decidí ir. Confío en que mi yo pasado sabía lo que hacía y me lanzo a lo que sea con confianza.

HASTA TUS OPINIONES
Y PUNTOS DE VISTA MÁS
FIRMES PUEDEN CAMBIAR
CON EL TIEMPO.

La vida evoluciona constantemente, y tu visión del mundo cambiará a medida que te hagas mayor. Debes aceptar este proceso en lugar de luchar contra él. La gente cambia, y es natural que tu visión de ciertas cosas lo haga contigo. Todos debemos seguir formándonos, hablar con gente nueva y buscar nueva información. Asumamos que el día que dejemos de aprender, dejaremos de crecer. Y yo quiero aprender, crecer y mejorar continuamente. Cada una de nuestras perspectivas se basa en nuestros recuerdos, ideas y conversaciones. Es importante que tengas una mente abierta y sepas que hay mucho más que experimentar y aprender.

TEN FE

NO IMPORTA CÓMO
LLAMES A UN PODER
SUPERIOR O EL TIPO DE
ORACIÓN O PRÁCTICA
QUE TE INSPIRE, ESTAMOS
CONECTADOS EN
NUESTRA FE.

La fe es algo distinto para cada persona, pero proporciona una gran conexión con el mundo y el universo que nos rodea. La fe no es necesariamente lo mismo que la religión, aunque suelen utilizarse indistintamente. Si no mantienes una práctica religiosa o una afiliación a un determinado culto religioso, puedes seguir siendo creyente. La fe también es creencia, y esa creencia puede ser en Dios o en la bondad del universo que te rodea, o incluso en ti. Es una base sobre la que apoyarse cuando las cosas se ponen difíciles.

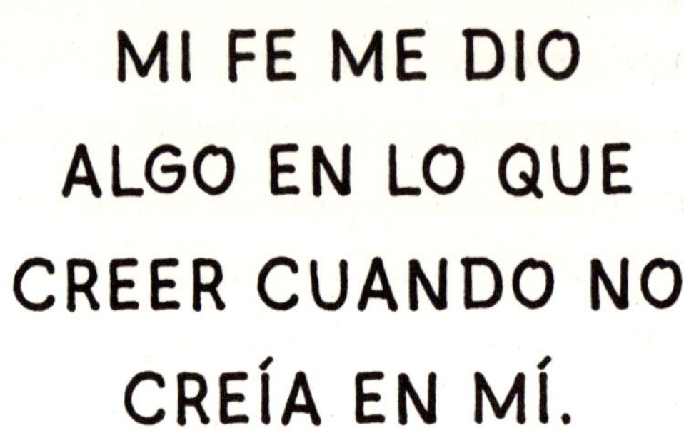

MI FE ME DIO
ALGO EN LO QUE
CREER CUANDO NO
CREÍA EN MÍ.

Lo que he aprendido los domingos por la mañana me inspira en todo lo que hago. Mi fe me inspira a creer en mí cuando siento que me asaltan las dudas e inseguridades. Cuando rezo, recuerdo la fuerza de mi familia y nuestras convicciones compartidas, y cuánto me quieren y me apoyan. He crecido mucho en el contexto de mi fe, y ha sido una fuente de ánimo e inspiración en la que he confiado toda mi vida. Cuando me siento deprimida o frustrada por no haber conseguido un papel, por haberme equivocado durante un rodaje, o por un malentendido con mis amigos, me acuerdo de rezar para volver a conectar con Dios y recordarme que hay un plan mayor en marcha. La oración ha formado parte de mi vida desde que tengo uso de razón, y me ayuda a sentirme segura cuando estoy inquieta. Me siento más inspirada cuando estoy conectada con mi fe. Es la raíz tanto de mi amor como de mi capacidad de creer en mí misma.

LA ORACIÓN ES UN
MANTRA Y UNA FORMA
DE CENTRARTE,
INDEPENDIENTEMENTE
DE LO QUE CREAS.

Me mantengo conectada a mi fe rezando. Me encanta que puedas hacerlo estés donde estés, siempre que tengas un rato libre. Cuanto más rezo, menos siento que el universo está en mi contra. No tienes que ser religioso ni creer en una práctica espiritual por encima de otra. La oración es una forma de bajar el ritmo de tu vida y sentarte en silencio con tus pensamientos. Te permite conectar contigo mismo y con lo que sientes, reflexionar acerca de lo que te preocupa, te estresa y también sobre lo que te emociona. Es una vía para expresar gratitud por tu familia y amigos, o cualquier cosa que agradezcas en la vida.

ABRE TUS BRAZOS Y
ACEPTA A LOS DEMÁS.

Los principios de mi fe cuentan la historia de quién soy cada día, especialmente la forma en que trato a los demás. La máxima «ama a tu prójimo como a ti mismo» es importante para mí e intento practicarla. Hoy en día, tanto mi país como el resto del mundo están muy divididos. Los prejuicios contra distintos grupos de personas por su género, raza, religión u orientación sexual nos separan. Mi fe y mi religión me han enseñado a tener una mentalidad de aceptación: no voy a mirar a nadie de forma diferente por sus creencias, su origen o la forma en que vive su vida. Mi fe me ha ayudado a tener la mente abierta, a aceptar a los demás y a tratarlos con respeto, aunque hayan tomado decisiones diferentes.

Cuando digo «ama a tu prójimo como a ti mismo» en realidad estoy diciendo «actúa desde el amor». No debemos tratar mal a nadie por su manera de vivir. Intento valorar cada conexión que establezco y apreciar al individuo y la oportunidad que me ofrece de aprender diferentes perspectivas. Mi fe me anima a aprender, a escuchar a personas con trayectorias religiosas u opiniones diferentes.

MANTÉN CERCA TU FE,
ESPECIALMENTE EN LOS
MOMENTOS MÁS DUROS
DE LA VIDA.

Lo más difícil de la fe es que tienes que convertirla en una prioridad. Sin duda, paso por periodos en los que me alejo de la luz de Dios, me olvido de mirar a Dios. Siempre ocurre en momentos de distracción y estrés laboral, cuando las dudas sobre mí misma me llevan al límite. Me he dado cuenta de que dejar de practicar mi fe me hace sentir peor, más insegura y aislada. Pero cuando le doy prioridad, todo lo demás encaja.

Durante el rodaje de la tercera temporada de *Entre Hermanos*, mi agenda estaba mucho más llena de lo habitual. No rezaba y me sentía desconectada del mundo que me rodeaba. Mi ansiedad era cada vez peor. Finalmente, me senté a hablar con mi madre y me eché a llorar. Le dije que no me sentía yo. Me hizo sentarme diez minutos sin hacer nada, solo respirando, nada más que eso, respirar. Luego me preguntó qué había hecho durante esos minutos de silencio, y le dije que había pensado en todas las cosas que tenía que hacer. Me preguntó: «¿Por qué no estabas rezando?». Aquello me hizo abrir los ojos y me di cuenta de que estaba perdiendo pie, que había tierra firme debajo de mí, pero estaba dejando de conectar con ese punto de apoyo. A partir de entonces, me propuse rezar todas las noches para aferrarme a mi fe en los momentos de tensión. Las etapas difíciles son inevitables, pero nunca más olvidaré reconectar con mi fe.

LA FE PUEDE SER UNA LUZ
EN LOS MOMENTOS
MÁS OSCUROS.

Sé lo que es sentir la presión de necesitar ser perfecta. Sé lo que es sentirse insegura y cautelosa acerca de todo lo que dices y haces.

Hubo un tiempo en el que me aislaba, nunca actuaba. No quería rezar porque sentía que mis problemas eran demasiado pequeños comparados con todo lo que ocurría en el mundo. Vivía en Los Ángeles, lejos de mi familia, y no tenía tiempo para ir a la iglesia. No sabía en quién podía confiar. Tenía tantas dudas que empecé a cuestionar mi fe.

En un descanso muy necesario, fui a visitar a mi familia y fuimos todos juntos a la iglesia. El pastor contaba historias bíblicas que yo había oído toda mi vida, pero que cobraban un nuevo significado en el contexto de ese instante. Por primera vez en mucho tiempo, me sentí como en casa. Logré llevarme esos sentimientos de consuelo, identidad y pertenencia a mi agitada vida en Los Ángeles.

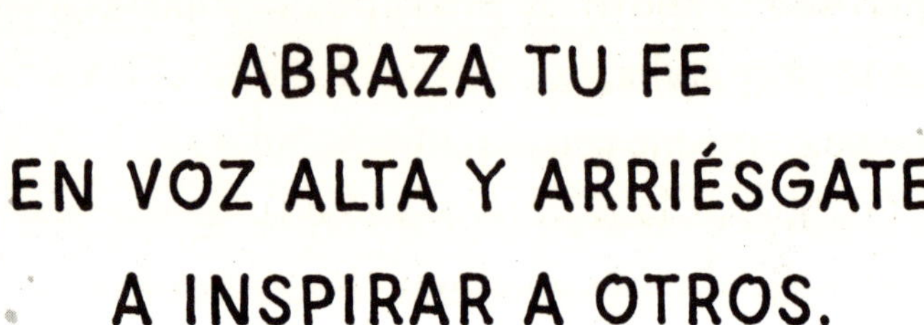

ABRAZA TU FE
EN VOZ ALTA Y ARRIÉSGATE
A INSPIRAR A OTROS.

Cuando estaba en secundaria, me hice amiga de una chica que tenía problemas con sus padres. Se peleaban, se separaban y luego volvían a estar juntos. Era una época muy difícil y emocional para ella, y necesitaba apoyo. Además de escucharla siempre que lo necesitaba, compartía con ella el poder y el consuelo que me proporcionaba mi fe.

Compartir la profundidad de tu fe y lo que significa para ti es muy vulnerable, pero me alegro de haberlo hecho. Mi amiga se mostró abierta, y la forma en que hablé de mi fe pareció darle esperanza. Quería saber más sobre Dios y lo que obtenía de mis prácticas de fe. La llevé a la iglesia con mi familia unas cuantas veces, y realmente conectó con ella. En ese momento necesitaba apoyo y sentirse conectada, y lo consiguió con la fe.

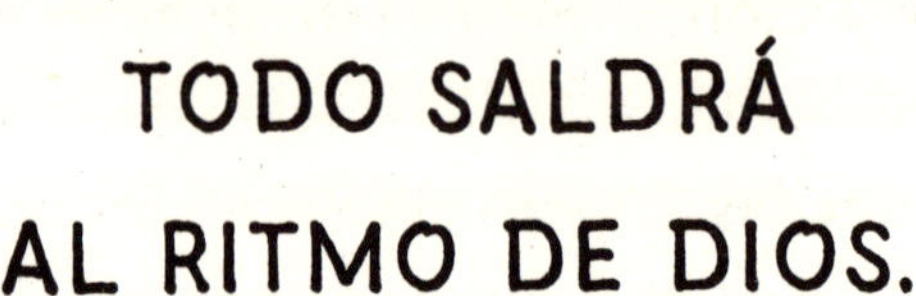

TODO SALDRÁ
AL RITMO DE DIOS.

Como actriz, a menudo estoy inmersa en situaciones competitivas y perder un papel puede ser devastador. Recuerdo una gran oportunidad cuando me presenté al *casting* de una película familiar de comedia y acción, dirigida a un público más adulto y protagonizada por dos jóvenes actores que son grandes estrellas. El proyecto era con un director con el que quería trabajar, y cuando hice una lectura de química con el actor principal, sentí que todo encajaba.

Pero no estaba destinada a ese papel.

¡Cómo lloré cuando me dieron la noticia! Y mi madre lloró conmigo. Me tomé un minuto para asimilarlo, pero, si no tenía que ser, no tenía que ser. Sabía que tendría la oportunidad de hacer papeles más adultos y serios cuando estuviera preparada, y no tardó mucho en llegar. Las cosas pueden suceder más rápidamente para otros, pero todo depende del tiempo de Dios. Ahora no lloro por los papeles. Si algo no sale como yo quiero, me tranquilizo diciéndome que todo es el plan de Dios y que tendré el papel adecuado en el momento adecuado.

CREO EN LA PROFUNDIDAD DE MI FE.

Es bueno creer en algo incluso cuando no lo haces en ti misma. Cuando te encuentres en un lugar oscuro, te sugiero que intentes aferrarte a las cosas que te dan esperanza, ya sea a las personas que te apoyan en tu vida, a tu religión o a tu capacidad para hacer un buen trabajo. Es muy importante gravitar hacia las cosas que te mantienen enraizada, conectada e inspirada. Te sacarán definitivamente de tu depresión. Mi fe me recuerda quién soy y me proporciona una conexión con los miembros de mi comunidad eclesiástica y creyentes en general. Confío en mi fe para tranquilizarme y darme esperanza.

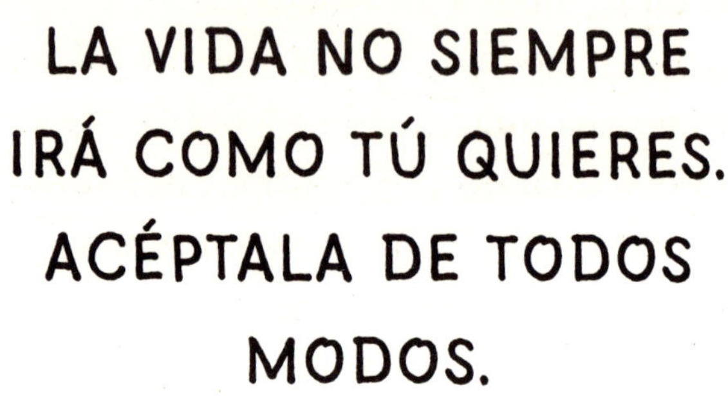

LA VIDA NO SIEMPRE
IRÁ COMO TÚ QUIERES.
ACÉPTALA DE TODOS
MODOS.

He aprendido que la vida es impredecible, y que es mucho más sano dejarse llevar y tener fe en que todo saldrá bien. Cada vez que tengo miedo y empiezo a dejarme llevar, imaginando el peor de los casos, mi fe me mantiene anclada a la realidad y me ayuda a olvidar lo que no puedo controlar. Mientras sepa que hice todo lo que pude, la fe me tranquiliza cuando me asaltan las dudas. Es un pensamiento especialmente reconfortante para mí, porque a menudo siento la necesidad de controlarlo todo, desde situaciones sociales a la trayectoria de mi carrera, y, si algo no sale como quiero, la ansiedad se desata.

TODOS TENEMOS UN PROPÓSITO.

Había tantos caminos que podría haber seguido, tantas cosas que me interesaban. Pero la interpretación me atrajo desde muy joven: quería compartir historias y crear personajes que conectasen o incluso inspirasen al público. He tenido la oportunidad de difundir ese amor y esa luz que son tan importantes para mí a través de historias, de la risa, del entretenimiento. Actuar me ha dado una plataforma y la oportunidad de usar mi voz para el bien, para concienciar al público acerca de causas nobles y compartir con mis fans consejos que los empoderen. Si algo no funciona como tú quieres, es porque aún no es tu destino y lo encontrarás con el tiempo. Simplemente ten fe.

REZA CON EL
CORAZÓN ABIERTO
E INTENCIONES
SINCERAS.

Siempre que me dicen que rece por algo que me beneficie, soy honesta conmigo misma e identifico mis verdaderas intenciones primero. He visto a muchas personas fingir que son religiosas y rezar, pero no lo sienten de verdad. La oración es una forma de ampliar tu fe a través de la conversación y comprensión profundas. Intento rezar desde un lugar de autenticidad y gratitud, adoptar una mente abierta en mi búsqueda de orientación.

Cuando era más joven, mi madre nos animaba a mis hermanos y a mí a rezar cada noche. Se convirtió en parte de mi rutina diaria, algo que di por sentado. Empecé a rezar por cosas que no importaban, como un par de zapatos nuevos o una buena nota en un examen. Se convirtió en una lista de deseos. Mi madre me recordó un día que no tenía que pedir nada cuando rezaba. Podía simplemente mantener una conversación con Dios. Durante el mes siguiente, me propuse rezar cada mañana y cada noche. Le contaba a Dios mi día, compartía mis alegrías y mis decepciones y reflexionaba sobre las cosas en las que necesitaba que alguien me guiara. Al final de ese mes, me sentí más cerca que nunca de Dios.

VALORA A
TU FAMILIA

MI FAMILIA
ES LA BASE
DE MI HISTORIA.

A menudo nos centramos en cosas materiales y problemas superficiales, pero, al fin y al cabo, la vida gira en torno a tu familia, ya sea de sangre o la que has elegido. Mi familia lo es todo para mí, y mis padres y hermanos me cuidan como nadie, me escuchan, me apoyan y me recuerdan quién soy y de dónde vengo. Tengo dos hermanas y un hermano mayores y un hermano y una hermana menores. Entre los seis, he escuchado de todo. Hablamos de cualquier cosa, desde saber cuándo arriesgarte en tu carrera hasta de si un chico está jugando con mis sentimientos. No paso tanto tiempo con mi familia como me gustaría porque trabajo a menudo y solo puedo volver a casa cada pocos meses. Aunque estemos separados, hablamos continuamente a través de mensajes de texto y llamadas, y uso FaceTime para ponernos al día. Para mí es muy importante mantener el contacto. Pero nada se puede comparar con volver durante unos días, descansar, pasar el rato con todo el mundo, jugar al fútbol e ir a la iglesia.

LA FAMILIA ES LO QUE TÚ QUIERES QUE SEA.

Tienes a tus parientes de sangre, pero también es importante construir una familia de amigos que puedan estar a tu lado cuando tu otra familia esté lejos o sea inaccesible. El hecho de que no estén emparentados contigo no hace que sean menos importantes. Como estoy tanto tiempo lejos de mi familia, he creado una familia en Los Ángeles a la que quiero de verdad y sé que estará en mi vida para siempre. Mi grupo principal de amigos, a quienes conocí durante mis primeros años trabajando en televisión, son las personas a las que acudo cuando necesito consejos en temas como el desamor y el estrés profesional, e incluso, en ocasiones, las grandes crisis existenciales. Mi estilista, Enrique Melendez, es como un hermano mayor protector que siempre cuida de mí. Isaak Presley, mi compañero de reparto de *Entre hermanos,* es como de mi familia, al igual que su padre Lou. Y, por supuesto Kayla Maisonet es como una hermana, y siempre está ahí cuando la necesito para desahogarme. Hemos pasado mucho tiempo juntas hablando de las presiones de nuestras carreras. Mi segunda familia está a mi lado para llorar, reír y abrazarme cuando mi familia de sangre está demasiado lejos.

APRENDE A ACEPTAR
LA AYUDA Y EL
SACRIFICIO DE TU
FAMILIA, Y CONFÍA EN
QUE ACTÚAN CON
AMOR.

Cada vez que empiezo a cuestionarme mi carrera, pienso en todo a lo que ha renunciado mi familia para que yo pueda perseguir mi sueño. Mi madre hace equilibrios entre mi carrera, su propio trabajo y las exigencias familiares. Ha hecho tanto y ha sido una fuente de fuerza para mí, y para todos mis hermanos, que siento que nunca podré expresar mi gratitud adecuadamente. Si mi familia está de acuerdo con las cosas como son, lo único que puedo hacer es estar agradecida por su apoyo desinteresado y hacerlo lo mejor que pueda con lo que puedo controlar. A veces es duro aprender a aceptar la ayuda y el sacrificio de tu familia, y confiar en que actúan por amor. Sé que haría absolutamente cualquier cosa por ellos, y es hermoso saber que harían lo mismo.

NO HAY NADA COMO EL VÍNCULO ENTRE DOS HERMANAS.

No importa en qué parte de mi vida me encuentre, sé que mis hermanas siempre están ahí para mí. Es como si llevara a mis mejores amigas conmigo, siempre en mi interior. Estaremos juntas para siempre y nos cubrimos las espaldas, incluso cuando no estamos de acuerdo. Puedo contarles cualquier cosa. Sé que puedo llamar, enviar un mensaje o hacer una videollamada a cualquiera de ellas para compartir lo que me pasa, desahogarme acerca de mis frustraciones o contarles cotilleos y hablar de amor. ¿Sabéis cuántas conversaciones he tenido con mis hermanas sobre si un chico merece mi tiempo? Muchas. Somos diferentes en muchos aspectos, pero nos apoyamos mutuamente, pase lo que pase. Estoy muy agradecida de que acudan a mí con sus problemas, y yo intento estar ahí como una caja de resonancia, llena de empatía y consejos.

LAS TRADICIONES CONSTRUYEN RECUERDOS, AMOR Y CONSISTENCIA.

En la cultura latina, es importante mantener las tradiciones familiares. En parte, es una forma de honrar a los parientes que han fallecido. Sé que no todo el mundo lo hace, pero nosotros nos aferramos a ellas tanto por la historia como porque son divertidas. Me encanta disfrutar de nuestras tradiciones a lo largo del año, y me reconforta celebrar las fiestas cocinando juntos, ya sea preparando tamales cada Navidad, con una gran reunión familiar cada Pascua o pasando los cumpleaños juntos. Nuestras tradiciones nos mantienen con los pies en la tierra, no importa cuánto cambiemos o las dificultades a las que nos enfrentemos. Siempre podemos regresar a esas piedras angulares familiares y sentir amor.

FAMILIA SIGNIFICA
DAR PRIORIDAD A
LA FELICIDAD Y
EL BIENESTAR DE
OTRA PERSONA.

A veces, cuando pienso en la profundidad del amor y el aprecio que siento por mi familia, me siento abrumada. En esos momentos, sé que haría cualquier cosa por ellos. Su felicidad es así de importante para mí. Estoy segura de que mis padres sienten eso por todos nosotros, y me siento muy afortunada por formar parte de mi familia.

Dar prioridad a su felicidad, e incluso de los amigos, es una cualidad noble y desinteresada… hasta cierto punto. También puede ser agotador. Me alegra mucho que mis amigos o hermanos puedan acudir a mí y sentirse lo suficientemente cómodos para pedirme ayuda y contarme sus problemas. Pero también dedico tanta energía a estar ahí para los demás que a veces no cuido bien de mí misma. Estoy trabajando para aprender a ser selectiva con mi esfuerzo y mi energía. Por mucho que quiera estar ahí para todos, no es posible ni saludable estar tan disponible emocionalmente todo el tiempo.

LAS FAMILIAS NO
SON PERFECTAS,
PERO A MENUDO SON
ACCIDENTALMENTE
BELLAS.

Puede que no siempre te lleves bien con tu familia, y ciertamente todos somos imperfectos a nuestra manera. Todo el mundo está lidiando con su propio estrés e inseguridades, intentando llegar al final del día o de la semana lo mejor posible. Pero pase lo que pase, mi familia siempre estará ahí. La forma en que nos queremos y nos apoyamos incondicionalmente me reafirma. No importa qué tipo de familia tengas y, desde luego, no tiene por qué ser la tradicional o biológica para ser valiosa.

TODAS LAS
RELACIONES TIENEN
ALTIBAJOS, INCLUIDAS
LAS RELACIONES
CON LA FAMILIA.

Nadie es perfecto, y a veces incluso entre hermanos puede haber desavenencias, distanciamientos y caminos distintos. Puede ser desgarrador y frustrante, pero debemos recordar que las familias se quieren y están unidas de una forma que no puede romperse. Ahora mismo, mi hermano mayor y yo no nos llevamos bien. Hace casi un año que no nos vemos. Jamás habíamos pasado tanto tiempo separados. Tuvimos una discusión el año pasado precisamente acerca de dar prioridad a la familia. Cuando contacta conmigo, no parece que esté realmente interesado en hablar conmigo, sino que tiene sus propios motivos.

A medida que transcurre el tiempo, van pasando más celebraciones y acontecimientos. Pero, a pesar de todo, sé sin lugar a duda que seguimos queriéndonos y que haríamos cualquier cosa el uno por el otro. A veces, lo mejor para nosotros es amar a nuestros familiares desde la distancia, por doloroso que sea.

LA CIUDAD DE DONDE
ERES TAN SOLO ES
UN LUGAR.
TU HOGAR ESTÁ DONDE
ESTÁ TU FAMILIA.

Por mucho que me guste el desierto de donde soy, y por mucho que mi casa familiar tenga un valor sentimental, no es más que un lugar. Mi hogar es donde está mi familia, donde me siento incondicionalmente aceptada y amada y donde me desafían a dar lo mejor de mí. Si estoy en el plató o trabajando en cualquier lugar de California, desde España hasta Asia, y mi familia viene a visitarme, estoy en casa. Mis padres y hermanos y la familia que he escogido me entienden mejor que yo. Ellos son lo único que necesito para estar a gusto en cualquier espacio.

Tu hogar está donde se encuentra tu gente, donde te sientes cómodo, seguro y querido porque estás con ellos.

LA FAMILIA EJERCE
UNA DE LAS MAYORES
INFLUENCIAS SOBRE
QUIÉNES LLEGAMOS
A SER.

La familia es la base de lo que eres e influye en tu forma de ver el mundo de muchas maneras. La mía ha forjado mis valores y creencias. Quiero que se sientan orgullosos de mí, y eso influye en mi forma de tratar a la gente y de comportarme. Por otro lado, he visto a amigos que han tenido una infancia difícil o que no se llevan bien con las suyas, y han aprovechado esas experiencias para convertirse en personas fuertes, compasivas y resilientes. A medida que me hago mayor y conozco a más gente, mi mundo se amplía. Siento que todas las personas con las que interactúo influyen en mi vida y en mi carácter de alguna manera. Estas experiencias refuerzan la base, ya de por sí sólida, que mi familia me ha inculcado.

ALGUNOS AMIGOS
VAN Y VIENEN.
LA FAMILIA ES
PARA SIEMPRE.

Independientemente de cómo definas a tu «familia», ya sea la inmediata o extensa, o amigos que se han convertido en familia, la cuestión es que siempre estarán ahí para ti. Puedo meter la pata a lo grande, pero permanecerán a mi lado, mientras que los amigos pueden alejarse. Cuando atraviesas tormentas en la vida, comprendes realmente lo mucho que importan. Son las personas que lo dejan todo y se apresuran a ayudarte a recoger los pedacitos de tu corazón cuando más los necesitas. Tengo más suerte que mucha gente en lo que se refiere a mi familia, y doy gracias a Dios todos los días por ello.

ARRIÉSGATE

ARRIESGARSE ES LA ÚNICA MANERA DE SER GRANDE.

La belleza de la vida está en lo desconocido, y nunca sabes lo que puedes conseguir hasta que lo intentas. Exponerte puede dar miedo y resultar incómodo, pero asumir riesgos es la forma de alcanzar tus sueños.

Los actores tienen que llorar cuando se les pide, pero después de trabajar en un programa de Disney durante tantos años, me faltaba práctica. Cuando empecé a rodar la segunda temporada de *You,* sabía que tendría que llorar. Y no era una simple lágrima. Era una escena física, muy intensa. Me estresé tanto que me costó meterme en la escena y conectar con mis emociones. Tenía miedo de meterme de lleno, me daba vergüenza que mis nuevos compañeros pensaran que estaba sobreactuando o esforzándome demasiado. Respetaba tanto a los actores que me rodeaban que me preocupaba lo que pensaran de mi actuación. Cuando por fin me dejé llevar y me di permiso para vivir el momento, salió muy bien. Es la escena de la que estoy más orgullosa de todo el proyecto.

TENDRÁS MÁS ÉXITO CUANTO MÁS INCÓMODO ESTÉS.

Con la excepción de un pequeño papel en una producción de *Peter Pan,* no tenía experiencia teatral cuando me presenté a una audición en el Radio City Music Hall. Surgió la oportunidad de obtener el papel protagonista en *New York Spectacular Starring the Radio City Rockettes,* y pronto estaba en un avión rumbo a Nueva York. Me encanta bailar, pero no tengo formación de bailarina. Otras personas que se presentaron a la audición tenían experiencia en Broadway y parecían mucho más cómodas aprendiéndose la coreografía al momento. Yo pensaba: «Pero ¿no deberíamos poner una cámara y hacerlo todo veinte veces?». Estaba tan fuera de mi zona de confort que tuve que ponerme manos a la obra y darlo todo sin pensar demasiado. Como si eso no fuera suficientemente estresante, los productores tenían problemas para oírme. Soy bastante callada, y cuando actúas en el teatro, tienes que proyectar tu voz hasta la última fila de asientos. Me pidieron que me pusiera al fondo de la enorme sala de ensayos y proyectara mi voz hasta el otro lado. Podía pensármelo dos veces o dejarme llevar e ir a por ello. Canté con todas mis fuerzas, bailé con desenfreno; proyecté mi voz hasta la Costa Oeste porque eso es lo que me pidieron que hiciera.

Al, final conseguí el papel y me mudé a Nueva York durante tres meses. La experiencia fue algo que no cambiaría por nada del mundo, y también la más incómoda que he tenido nunca.

PREFIERO INTENTARLO
Y FRACASAR ANTES
QUE NO PROBARLO
NUNCA.

El fracaso, por mucho que duela, es una parte crucial del aprendizaje y la mejora. Mi madre me recuerda a menudo que ahora es el momento de cometer errores. Soy joven, aún estoy aprendiendo, y nadie me exige que sea perfecta (excepto quizá yo misma). Este es el momento idóneo de nuestras vidas para aceptar los errores y utilizarlos como herramientas para mejorar. Hay mucho potencial en la humildad y en mantener la mente abierta. Quiero trabajar para ser la mejor persona posible y la mejor en mi oficio.

Hace poco aprendí la importancia de intentarlo y fracasar cuando me presenté a una audición para un papel importante en una película. Me volvieron a llamar para la segunda ronda, y se me metió demasiado en la cabeza lo grande que era el proyecto, lo visible que sería el papel, lo exigente que sería para mi agenda y la de mi familia. Le di demasiadas vueltas a la cabeza. No soportaba el estrés, así que les di las gracias a todos y me retiré. Otra actriz consiguió el papel, y fue un gran paso para su carrera. Cuando vi el proyecto terminado, me impresionó su interpretación, pero no pude evitar preguntarme qué podría haber hecho yo, cómo habría cambiado mi vida, cómo habría sido esa versión de la película en un universo alternativo. Ahora sé que debo arriesgarme y ver qué sucede.

TIENES QUE PROBAR
DIFERENTES COSAS
PARA AVERIGUAR
QUÉ TE FUNCIONA
A TI.

Los actores utilizan diversos antecedentes o técnicas para reforzar sus interpretaciones. Estas maneras de trabajar, de actuar, abarcan una enorme gama de habilidades. Está la técnica Meisner, que requiere estar completamente fuera de tu cabeza para poder reaccionar únicamente por instinto. También está el método Stanislavski, que consiste en meterte tanto en el personaje que actúas como él incluso cuando no ruedan las cámaras, e intentas habitar su vida por completo. He aprendido mucho observando a las talentosas personas con las que trabajo. Penn Badgley es un actor increíble con el que me encantó trabajar en *You*. Es relajado y tranquilo cuando no hay cámaras y sus gestos ante ellas son perfectos y naturales. Me gusta observar y aprender de los demás, porque nunca sabes lo que funcionará en tu propio arte.

La prueba y error es una de las mejores formas de aprender, aunque requiere tiempo y paciencia. He visto a actores utilizar técnicas que no conocía, y las he probado yo misma. Es una buena forma de diversificar mis habilidades interpretativas y de descubrir de cuántas formas diferentes puedo conseguir una interpretación que me satisfaga. Una vez, probé un nuevo método en una escena, y el director se acercó a mí y me dijo: «Jenna, no sé qué estás haciendo, ¡pero así no!». ¡Entendido! Rápidamente cambié el enfoque nuevo y abandoné esa técnica para volver al método que conocía mejor.

NO TENGAS
MIEDO DE COMETER
ERRORES. TODO FORMA
PARTE DEL PROCESO
CREATIVO.

Una de las mejores formas de conocerse es probando cosas nuevas. Cuando te expones y realizas diferentes actividades, aprendes más sobre lo que te gusta y lo que no, e incluso puedes encontrar algo que te apasione.

Como actriz, es bueno ser capaz de cantar, y cuando era más joven lo disfrutaba mucho. (Incluso participé en el concurso de talento de mi escuela en cuarto de primaria). Cuando iba a clases de canto, entrenaba con muchas canciones de teatro musical porque fortalecen las cuerdas vocales, lo que me hizo apreciar ese género. Asistir a esas clases me llevó a valorar la música a un nivel más amplio, y me enseñó que había un mundo nuevo en mi profesión.

A medida que pasan los años, me doy cuenta de que ya no me gusta cantar, pero creo firmemente que hay que probar tantas cosas nuevas como sea posible y practicarlas permitiéndote ser creativo y libre.

A VECES,
MENOS ES MÁS.

Los productores dan su opinión en la sala de audiciones, así que tienes que darte espacio para adaptar tu actuación y trabajar siguiendo sus notas. Si le doy demasiadas vueltas, si no veo más allá de lo que he ensayado, no puedo adaptarme a los comentarios y críticas de la sala. He podido trasladar esta costumbre a otras áreas de mi vida privada, pues tiendo a pensar de más e intento controlarlo todo. Cuando se trata de conocer a gente nueva, de arriesgarme en un nuevo proyecto o en una relación de negocios, o de prepararme para un papel, también intento escuchar mis instintos. Prepárate, sí, pero también concédete permiso para ser tú mismo.

ES IMPORTANTE
PERDONAR, PERO ESO
NO SIGNIFICA QUE
TENGAS QUE OLVIDAR.

No es bueno aferrarse a la ira y a la energía negativa después de una pelea con un amigo o con tu pareja. Es mejor dejarlo atrás y reparar la relación, o seguir adelante. Pero nunca olvides las lecciones que aprendas en el proceso.

Cuando un chico con el que hablaba empezó a insinuarse de manera excesiva, le dije que me sentía incómoda. Le había dejado claro que solo éramos amigos, pero seguía diciéndome que quería más. Intenté dejarle lo más claro posible que no me interesaba mantener una relación romántica con él, pero siguió insistiendo. Fue entonces cuando decidí que tenía que poner fin a la amistad. Sabía que era lo correcto, y necesitaba seguir mi intuición.

SIEMPRE HABRÁ
GENTE QUE TE ODIE.

Hace un par de años estaba en una fiesta de Disney en Los Ángeles y me encontré con otra actriz que conocía. No sé qué tenía contra mí, pero era muy conflictiva, y constantemente buscaba provocar una discusión por cualquier tontería. Yo decía algo, y ella opinaba lo contrario. Más tarde, cuando llegó Skai Jackson, charlamos antes de que fuera a saludar a la otra chica. Miré hacia ellas y la chica estaba susurrando algo al oído de Skai mientras me observaba sin disimulo. Skai no me dirigió la palabra durante el resto de la noche. Meses después, Skai y yo por fin nos sentamos y aclaramos las cosas. Nos dimos cuenta de que esa chica, a la que ninguna de las dos conocíamos bien, intentaba sabotear nuestra amistad. Entonces, nos hicimos amigas. ¿No es curioso que las mismas cosas infantiles y mezquinas puedan suceder en el instituto y en Hollywood?

Ni siquiera tienes que hacerle nada a una persona para no gustarle. Lo que tengan contra ti tiene que ver con ellos, no contigo. A veces los demás tienen inseguridades, y puede que no sean totalmente felices. Mi sugerencia es que las incluyas en tus oraciones, enviándoles amor e intentando sentir empatía por lo que estén pasando.

SIN DOLOR NO HAY CRECIMIENTO.

Siempre me ha dado miedo correr riesgos. Y, sin embargo, la carrera que he elegido implica que tome muchos. Si no sales y te expones, no tendrás experiencias nuevas, nunca aprenderás nada ni crecerás. Ya sea una relación difícil o un revés profesional, he aprendido de todas las experiencias que he tenido, buenas y malas.

Hace unos años, un chico con el que salía hizo algo que traicionó mi confianza, y me pilló por sorpresa. Aunque en aquel momento fue una experiencia dura, y creedme cuando digo que estaba muy disgustada y dolida, ahora me siento muy agradecida por ello. Aprendí el valor de confiar en mis instintos. Había tenido una sensación rara con él a raíz de algún que otro comentario, como que le gustaba «mantener las opciones abiertas» cuando se trataba de relaciones. A pesar de mis dudas, había bajado la guardia. No había prestado atención a esa voz interior que me advertía de que algo no iba bien. Desde entonces, me aferro a esa lección.

ACEPTA TUS ERRORES.

He sido una perfeccionista desde que tengo uso de razón. Todavía recuerdo un examen de matemáticas que hice en segundo de primaria, en el que me equivoqué en una pregunta. Fue la primera vez en mi vida que no saqué una nota perfecta, y me pasé gran parte del día llorando. Mi madre tuvo que hablar conmigo, y me recordó que no todo iba a ser perfecto siempre. Esa lección fue esencial para mí, y siempre la tengo presente.

Cometo errores constantemente, y he aprendido a aceptarlos con elegancia. Pero, sobre todo, me esfuerzo todo lo posible por aprender de ellos. Cuando empecé como actriz y me equivocaba en un diálogo durante el rodaje de una escena, me asustaba y perdía la cabeza. Desde entonces, he trabajado para manejar mis fallos con más calma. Me pregunto: «¿Qué lección puedo sacar de todo esto?». En algunos casos, cambio la forma de representar la escena, o digo la frase de otra manera. En ocasiones, el resultado es incluso mejor que la primera vez.

ASEGÚRATE DE QUE ESTÁS LISTA PARA QUE PASE CUALQUIER COSA.

He aprendido mucho sobre la preparación, y me he esforzado mucho para presentarme cada día dispuesta a dar lo mejor de mí. Mientras ensayo, se me ocurren cincuenta maneras distintas de decir mis frases, y así tener opciones a las que recurrir en el momento. También he empezado a hacer ejercicios vocales y calentamientos para que mi boca esté más preparada. (Parece una tontería, ¡pero hablar todo el día termina pasando factura!). Los pequeños errores que he cometido me han enseñado a prepararme mejor y me han ayudado a arriesgarme más con mis actuaciones. Los utilizo en mi beneficio, para que la próxima vez esté lista y me sienta segura de mí misma aunque cometa un error.

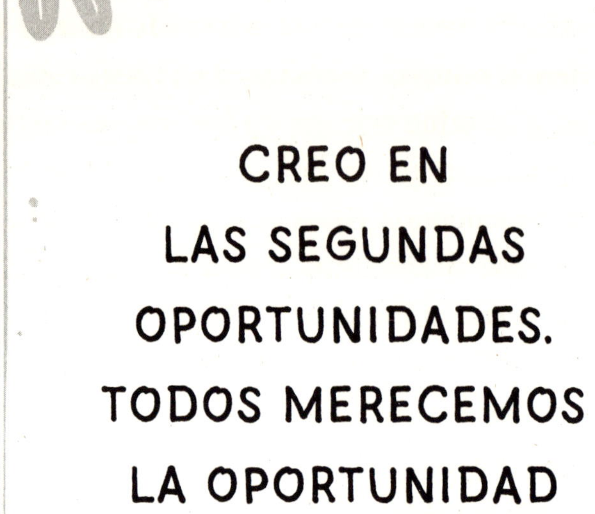
CREO EN
LAS SEGUNDAS
OPORTUNIDADES.
TODOS MERECEMOS
LA OPORTUNIDAD
DE APRENDER DE
NUESTROS ERRORES.

Cambiamos y evolucionamos constantemente, y todos nos merecemos la oportunidad de mejorar. La persona que era hace tres años es muy distinta de la que soy ahora, porque cada día aprendo más sobre mí y sobre el mundo que me rodea. Eso es cierto para cualquiera, tenga la edad que tenga. Todos estamos aprendiendo y explorando, y descubriendo quiénes somos y lo que funciona. Nadie es perfecto, y lo hacemos lo mejor que podemos. Cuando no le das a alguien una segunda oportunidad y te aferras a un desaire o una desilusión, mantienes esa energía negativa cerca de tu cuerpo. No me gusta perder tiempo ni energía en ese tipo de negatividad. Si un amigo comete un error y aprende de él, si es capaz de reevaluar y mejorar, lo respeto aún más y entonces sigo adelante con nuestra amistad. ¿No es eso lo mínimo que se puede pedir? Siempre que cometo un error y aprendo de él, espero que la otra persona me dé esa misma oportunidad.

DESAFÍA
EL *STATU QUO*.
TÚ TIENES EL CONTROL
DE TU HISTORIA.
CON TRABAJO DURO
Y DETERMINACIÓN,
TU VISIÓN PUEDE
HACERSE REALIDAD.

Obtuve el papel de Harley contra todo pronóstico: la audición describía al personaje como una chica de pelo rubio y ojos azules, y en la primera audición yo era la única persona morena de la sala. Pero antes de que nadie fuera elegido, Disney Channel decidió que necesitaba trabajar en el guion y aplazó las audiciones.

Poco después, Disney me invitó a un taller para nuevos actores emergentes para trabajar en guiones que estaban desarrollando y eso me dio la oportunidad de actuar delante de sus ejecutivos. Cuando nos dieron el guion de *Entre Hermanos,* supe que podía ser mi oportunidad de conseguir el papel. Incluso habían cambiado la etnia del personaje. Sin embargo, me emparejaron con una chica a la que pidieron que leyera las frases de Harley, y a mí me pidieron que interpretara a su hermano. Pensé que, si hacía un buen trabajo leyendo el papel del hermano, tal vez me contratarían para el siguiente programa. Imaginad mi sorpresa cuando se reanudó el *casting* y me pidieron que hiciera una prueba para el papel de Harley. Mi esfuerzo y mi voluntad de meterme en otro papel hicieron que me volvieran a invitar.

Aunque al principio existía una barrera racial, persistí y demostré mi valía. Me gané ese puesto. Con dedicación y determinación, la visión que tienes puede hacerse realidad. Acepta las críticas, los portazos y el desánimo y utilízalos como combustible.

PRIORÍZATE

TOMARSE UN MOMENTO
PARA APRECIAR TU
SUERTE LO CAMBIA
TODO.

Mi madre nos educó enseñándonos a no quejarnos. Una prima mía con la que estoy muy unida enfermó de repente cuando éramos pequeñas. Tuvo que pasar mucho tiempo en el hospital, y durante una temporada estuvo en una situación inestable. Afortunadamente lo superó, por lo que todos estuvimos muy agradecidos. Una noche, después de haber pasado el día visitándola en el hospital, miré alrededor de la mesa. Todos los miembros de mi familia estaban sentados allí, sanos y felices. Y yo iba a la escuela, veía a mis amigos y podía perseguir mi sueño de actuar. Para mí era importante apreciar momentos como ese, para darme cuenta de lo afortunada que era y todo lo que tenía. En cuanto lo hice, me convertí en una persona más feliz y con los pies en la tierra.

NUNCA ABANDONES
LO QUE TE INSPIRA.

Cuando me siento deprimida o perdida, me gusta escribir en mi diario. Escribir ha sido durante mucho tiempo un consuelo y una salida creativa para mí. Hace poco encontré un libro con mis antiguas redacciones del colegio, y me sentí orgullosa de recordar lo mucho que me gustó escribirlo y montarlo. Cuando te sientas deprimido, revisa lo que te une a tu infancia o a tu familia. Es como ir a tu lugar favorito de la niñez o ver a un viejo amigo. Te abre la puerta a grandes recuerdos y te inspirará para crear otros nuevos.

Ahora, siempre que estoy triste, saco un cuaderno y empiezo a escribir lo que sea que me pasa por la mente, desde pensamientos inspiradores hasta anotaciones en un diario o relatos breves. Siempre me hace sentir creativa y me recuerda quién soy en el fondo.

CUANDO ESTÁS
DEMASIADO OCUPADA
COMPLACIENDO A LOS
DEMÁS, TE OLVIDAS
DE TI.

Tiendo a complacer a la gente, y cuando era más joven, a menudo anteponía la felicidad de los demás a la mía. Cuando tenía doce años, me contrataron para una sesión de fotos para una revista, fue una de mis primeras sesiones fotográficas. Estaba muy emocionada. Pero cuando llegué y los estilistas me mostraron el tablero de ideas que habían diseñado y me enseñaron los conjuntos de ropa, supe que no sería la experiencia que había imaginado. La ropa no era para nada de mi estilo, y no me sentía cómoda llevándola. Era muy femenina, con mucho rosa, flores, volantes y pieles, con tacones muy altos. No me representaba.

Cuando publicaron las fotos en la revista semanas después, las vi y lloré. Mi familia estaba frustrada conmigo. Mis hermanos me decían: «¿Por qué dejas que te digan qué ropa ponerte?». Y es cierto, tendría que haber dicho algo en aquel momento. Tenía miedo de que se enfadaran conmigo, pero la verdad es que cabía la posibilidad de que colaborásemos para crear algo de lo que me hubiera sentido orgullosa. En cada oportunidad que tengas, preséntate bien y ten claro lo que quieres hacer y lo que te sientes cómoda haciendo.

TRABAJA DURO
Y DESCANSA MUCHO.

Mientras escribo estas páginas tengo diecisiete años y tiendo a pensar que puedo con todo yo sola. Pero dar prioridad al descanso me cuesta, y tengo que hacerle caso a mi madre cuando me recuerda que me tome tiempo para mí. En los últimos meses, he estado trabajando con una agenda ajetreada y mi madre se dio cuenta de que me estaba pasando factura. Llamó a mi mejor amiga, Kayla, e hizo planes para que quedáramos, para ir al gimnasio y luego a cenar en uno de mis días libres. Después de pasar tiempo con Kayla y de sentir las endorfinas del entrenamiento, el estrés que llevaba arrastrando desde hacía meses desapareció. Ni siquiera sabía que estaba tan estresada, pero mi madre sí.

Date tiempo para descansar. Es tan importante como tu lista de asuntos pendientes. A menudo, cuando hago tantas cosas, me siento culpable cuando descanso. Pero por fin he aprendido que el equilibrio es la clave.

PEDIR AYUDA
ES UNA SEÑAL DE
VERDADERA
FORTALEZA.

Muchos tratamos de ser fuertes y estoicos, reacios a admitir que algo va mal. Hubo una época de mi vida en que no estaba bien, y tardé un año entero en decir que necesitaba ayuda para superarlo.

Durante meses me había sentido triste, crítica conmigo misma y apática ante cosas que normalmente me entusiasmaban. Entonces empecé a tener problemas para levantarme de la cama, cepillarme el pelo, vestirme…. Me parecía que nada tenía sentido. Es desalentador pensar que solo sigues los pasos que te dicta la vida. Mis padres me animaron a que fuera a un terapeuta, pero me negué, pensando que simplemente era melodramática. Me culpaba por no ser más fuerte, o más resiliente.

Una noche estaba tumbada sola en la cama, llorando sin motivo alguno. Cogí mi diario para ver lo que había escrito durante el último año. Al releer mis entradas, vi lo desgarradoramente tristes que eran. Fue una llamada de atención.

Cuando por fin acudí a un terapeuta y utilizó el término «depresión», fue como un puñetazo en el estómago. Se convirtió en la realidad en ese momento. También sentí un gran alivio al no tener que preocuparme, pues no estaba dramatizando nada, sino que me enfrentaba a una enfermedad mental. Pensar en ello me daba miedo, pero ponerle nombre me daba fuerzas. Incluso después de la primera sesión de terapia, a pesar de lo incómoda que me sentía al abrirme, me alegraba estar haciendo algo para mejorar.

PERSIGUE LOS PEQUEÑOS
INSTANTES EN LA VIDA.
BUSCA TIEMPO PARA LA
BELLEZA Y LA PAZ.

Es muy importante cuidar de uno mismo, de tu bienestar emocional, mental y físico. Esta es tu única vida y tu único cuerpo. Me encanta trabajar, así que puede resultarme difícil centrarme en mí. Es fácil poner mi energía en el trabajo, la escuela y un millón de tareas diferentes. Pero estoy empezando a perseguir los momentos hermosos de la vida. A veces parece que estamos presionados para estar siempre en marcha debido a las redes sociales y a cómo todo el mundo parece tener una vida perfecta. A menudo me olvido de escuchar a mi cuerpo y darle lo que necesita, pero me estoy esforzando en mejorar. Ayer por la tarde, estaba terminando el trabajo del día cuando me di cuenta de que atardecía. Me puse los zapatos y salí corriendo a un lugar de mi barrio donde solía ir con mi mejor amigo de la infancia. Me senté en el suelo, puse algo de música y me quedé mirando la puesta de sol. Fue perfecto.

Aprovecha esas oportunidades cuando puedas. Encuentra la belleza y la paz en los pequeños momentos de cada día. Nos movemos demasiado rápido, y desconectar y dedicarte tiempo para hacer algunas posturas de yoga, escribir un diario, escuchar música o salir a dar un paseo puede ser muy saludable y reconfortante. Así es como reconectarás contigo misma y con el mundo que te rodea.

SÉ ESPONTÁNEA.
NO TENGAS MIEDO
DE DEJARTE IR,
REÍR Y HACER
TONTERÍAS.

Las mejores noches son casi siempre las espontáneas. Soy muy planificadora e hiperorganizada con mi agenda, así que ver dónde me lleva la noche es una de mis formas favoritas de pasar el tiempo. Es como «apagar» el cerebro, aceptar las cosas como vengan. Me encanta cuando mis amigos me llaman y me dicen: «Te recojo en diez minutos».

Salimos y damos una vuelta hasta que decidimos qué queremos hacer: salir a comer, jugar al minigolf o hacer algo fuera de lo común, como visitar una casa encantada en Halloween o un *escape room*. Me ayuda a vivir el momento y a no tomarme nada demasiado en serio. Mis amigos sacan a la bromista y escandalosa que hay en mí y logran que me distraiga y no piense en preocupaciones. Algunos de mis recuerdos favoritos son ir a un parque de la ciudad con ellos y dedicarnos a correr, gritar y perseguirnos unos a otros, nada más. Me parece muy valioso liberar espacio mental para hacer el tonto, relajarme y recargar las pilas.

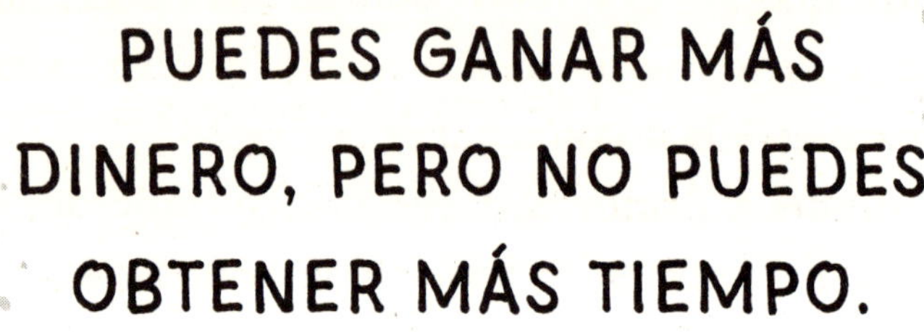

PUEDES GANAR MÁS
DINERO, PERO NO PUEDES
OBTENER MÁS TIEMPO.

Hace poco me ofrecieron un papel en una película que me entusiasmaba. Estaba terminando de rodar en España durante parte del verano, y me moría de ganas de volver a casa y visitar a mi familia, a la que no veía desde hacía tres meses. A este nuevo trabajo tenía que acudir directamente, y eso significaba no verlos. Era una gran oportunidad y estaba agradecida por ello, pero sabía lo mucho que necesitaba volver a conectar con mi familia y mis amigos. Sentía que era mi prioridad. Por mucho que me guste mi trabajo y por mucho que ponga todo mi empeño en todo lo que hago, mi prioridad número uno es Dios, después la familia, los amigos y la escuela.

Es habitual que los actores jóvenes trabajen todo el tiempo y digan que sí a todas las oportunidades. Al hacerlo, olvidan que hay cosas más importantes en sus vidas que el trabajo. El mundo de la actuación es duro porque es muy inconsistente, y es difícil parar la bola cuando está rodando. Pero tienes que ir a tu ritmo. Y siempre tiene que haber una razón para aceptar un nuevo trabajo. Así, te aseguras de trabajar a un alto nivel y eliges realmente los proyectos que te representan a ti, a tus valores y tus objetivos profesionales. Os animo a que penséis por qué hacéis las cosas que hacéis y a preguntaros si merece la pena. Porque, al fin y al cabo, tu salud mental y tu bienestar son primordiales.

PARA ESCUCHAR
LO QUE TU CUERPO
NECESITA, PRIMERO
TIENES QUE ESTAR
EN SILENCIO.

Solía pensar que descansar era una pérdida de tiempo, porque solo quería trabajar. Tengo que recordarme que es imprescindible para mi productividad: para hacer mi trabajo bien, y de la manera más saludable, debo tener tiempo para recargar las pilas. Escribo mi agenda del día en mi teléfono, e incluyo tiempo para tumbarme en la cama y descansar, o incluso para poner música y sentarme en el césped. Es importante darnos tiempo para estar quietos y confieso que tardé un tiempo en darle prioridad.

Cuando no descansas, no estás al 100 %. Si trabajas tanto que sacrificas tu tiempo libre y la salud, deberías preguntarte si realmente estás dando lo mejor de ti. ¿Qué sentido tiene esforzarse al máximo si no vas a estar contento con el resultado? Si quieres ser productivo, eficaz y tener éxito, no puedes quemarte.

ESCUCHA A TU
INTUICIÓN Y NO
TENGAS MIEDO
DE DECIR NO.

Hoy en día soy un poco más selectiva a la hora de elegir proyectos. Quiero construir un cierto corpus de trabajo, y si eso significa rechazar papeles, lo haré porque quiero sentir verdadera pasión por el trabajo que hago. Cuando se trata de participar en nuevos proyectos, como una gran película que podría aumentar mi reconocimiento, no digo que sí automáticamente. Si voy a invertir tanto tiempo y energía en algo, debería ser en un proyecto del que me sienta orgullosa el resto de mi vida. Sé selectivo.

PARA NO
ESTRESARTE DE
MANERA INNECESARIA,
OCÚPATE DE TUS
ASUNTOS.

Hay muchos problemas en el mundo y, a menos que se trate de una injusticia absoluta o de una situación de acoso u odio, a menudo es mejor mantenerte al margen. Tú sabes quién eres como persona y cuáles son tus intenciones, así que no te dejes arrastrar por el drama. Tardé mucho en aprender esto, pero finalmente me di cuenta de que no me importa la opinión de nadie más que la de mi familia. Cuando se trata de dramas sociales y cotilleos, nunca combatas la energía negativa con más energía negativa. No conseguirás nada. No subestimes el valor de no decir nada en absoluto. No gastes tu energía preparando una buena réplica. Te estás rebajando. Es mejor dejar las cosas como están.

Si tienes grandes planes y sueños, los pequeños dramas no merecen la pena. Es mejor centrarse en aquello que te hace feliz, en tus objetivos y tus prioridades. Cuando inevitablemente te lleguen cosas negativas, muéstrale al mundo que sabes afrontarlas con elegancia.

NO PUEDES CONTROLAR
CADA SITUACIÓN,
PERO SÍ PUEDES
CONTROLAR CÓMO
REACCIONAS ANTE ELLA.

Tú eres responsable de cómo reaccionas ante situaciones difíciles. Tuve un problema con una chica que difundía falsos rumores sobre mí porque pensaba que tenía algo con su ex.

Es una compañera, actriz de Hollywood: exitosa, poderosa, con experiencia. Nunca la había visto y, sin embargo, la tenía tomada conmigo. Contaba mentiras sobre mí a amigos comunes y conocidos de la industria, con lo que dañaba mi imagen y mi capacidad para conocer a gente nueva.

Finalmente, le conté a Enrique, mi madre y algunos amigos lo que pasaba. Todos dijeron lo mismo: no puedes dejar que esta chica afecte a tu vida. Sentí que me quitaban un peso de encima. Así era. No podía controlarla ni evitar que hablara de mí. Lo único que podía controlar era mi reacción. Aunque teníamos muchos amigos en común, esta chica y yo no teníamos ninguna amistad que salvar. Me limité a aguantarme, porque no quería malgastar mi tiempo y energía empeorando la situación. Y al final, todo pasó y pude dejar atrás aquel mal momento.

Si reaccionas ante circunstancias difíciles con una mentalidad negativa, perderás el control y te sentirás una víctima. Pero si lo haces con determinación y positividad, puedes intentar arreglarlo. Y si no se puede arreglar, prescinde de lo que no puedes controlar y sigue adelante. No puedes evitar que la gente sea negativa, pero sí es posible controlar la energía que le dedicas y cómo afecta a tu vida.

NO PUEDES SERLO
TODO PARA TODOS.
SOLO PUEDES SER
TÚ MISMO.

Hay mucha presión para que los adolescentes sobresalgan en la escuela, abracen sus intereses, se esfuercen por ser los mejores y aprendan a mirar al futuro con seguridad. El acceso a tanta información, carreras potenciales, además del mundo de las redes sociales y los *influencers,* puede resultar abrumador. Tenemos la suerte de vivir en una cultura en la que la individualidad y la originalidad se aprecian y se valoran, pero a veces esa presión hace que «ser tú mismo» se convierta en un trabajo. Me costó mucho compaginar mi trabajo como actriz con mis estudios, y mi arraigado deseo de hacerlo bien en ambos. Además, me preocupaba mi imagen y el ejemplo que daba a mis jóvenes fans que me seguían en las redes sociales. Era muy consciente de las críticas, las audiciones, lo que mis compañeros decían de mí y si estaba a la altura de las grandes apuestas de mi carrera en Hollywood. No fue hasta que conecté realmente con mi voz interior y mis instintos cuando empecé a ver y a honrar quién soy, entonces todo lo demás encajó. Ya no me resultaba difícil saber qué decir, qué hacer, qué ponerme. Si escuchaba a mi brújula interior, nunca me equivocaría de dirección.

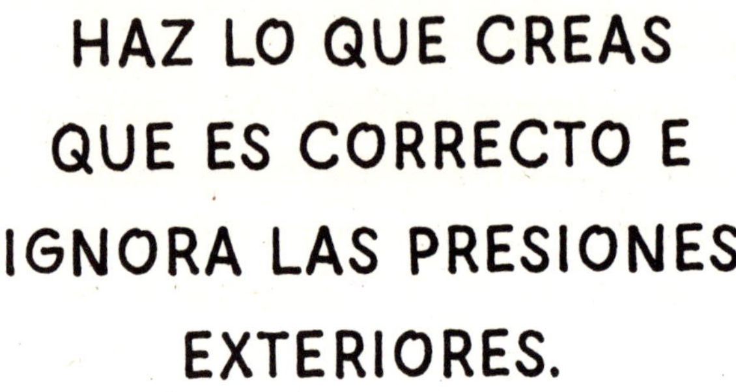

HAZ LO QUE CREAS
QUE ES CORRECTO E
IGNORA LAS PRESIONES
EXTERIORES.

Las personas a las que más admiro son las que cruzan los límites y escuchan a su corazón a pesar de sentirse presionados por hacer las cosas de cierta manera o seguir al rebaño. La gente está desesperada por encajar, tanto que a veces toman malas decisiones para obtener la aprobación externa o se vuelven como los demás, con lo que pierden su individualidad. Durante los últimos años he trabajado para creer en mí y ser capaz de escuchar mis instintos. Los poderes fácticos influyen en los jóvenes para que se conformen; para que lleven, les guste, escuchen y piensen todos lo mismo. Pero, en mi opinión, vale la pena seguir a tu corazón. Haz lo que te parezca bien y correcto, e ignora todo lo demás. Vístete como quieras, escucha la música que quieras independientemente del gusto de los demás, y apúntate a clases de piano si siempre has querido hacer cosquillas a las teclas de marfil.

ES TU CUERPO.
TÚ ELIGES LO
QUE VAS A HACER
CON ÉL.

Tener relaciones sexuales significa algo diferente para cada persona. No hay por qué preocuparse por las creencias, valores o ideas de los demás. Siempre estará ahí, esperándote cuando estés preparado. El hecho de que otras personas lo hagan no significa que tengas que intentarlo para sentirte incluido. Al fin y al cabo, es asunto tuyo y de nadie más.

Hazme caso: confía en lo que sientas que es correcto. No le debes a nadie, ni siquiera a un ser querido, una explicación de por qué no quieres hacer lo que ellos sí. Sé claro y directo cuando hables de con qué te sientes cómodo. Ambos tenéis que comprometeros, y tiene que ser cara a cara. Si no estáis de acuerdo, y la otra persona quiere hacer algo para lo que no estás preparado, puede que tengáis que tomar caminos distintos, y eso está bien.

ABRAZA
TU AMBICIÓN

TU IMAGINACIÓN ES TU SUPERPODER.

Tu imaginación lo es todo. Acepta tus historias e ideas originales y únicas, y no tengas miedo de compartirlas con el mundo. Nunca se sabe lo que es posible. Cuando mi hermano pequeño tenía unos ocho años, tuvo que hacer una presentación en el colegio sobre una actividad que le encantaba. Podía escribir una redacción, preparar un PowerPoint o dibujar un diagrama. Marcus sabía que quería que su proyecto fuera distinto del resto de la clase, pero no sabía cómo. Decidió escribir una canción sobre ir de acampada, y utilizó la música de un tema de Bruno Mars para adaptar su letra original. Luego ensayó y ensayó. Marcus es la persona más divertida en casa, pero en el colegio siempre estaba callado. Esta experiencia lo animó a exponerse. Acabó sacando un sobresaliente, y la profesora dijo que era la mejor presentación que había visto en años. Le dio más confianza para seguir adelante, y es algo que recuerdo cada vez que tengo dudas a la hora de compartir lo que hago con el mundo.

NO DEJES QUE NADIE
TE DESANIME A LA HORA
DE SEGUIR TUS SUEÑOS.

Cuando era pequeña, me acosaban porque soñaba con ser actriz. Mucha gente se burlaba de mí, ya fuera porque me tenían envidia o porque creyeran que no podía hacerlo.

Decían que era engreída o egocéntrica y criticaban mi aspecto. Tardé un poco en desarrollarme, así que los niños me llamaban «tabla», entre otras cosas estúpidas, porque tenía el pecho plano. Decían que no estaba lo bastante buena para salir en la tele o en el cine.

Por supuesto, esto hería mis sentimientos, pero aunque dijeran cosas malas de mí, tenía que ser fiel a mí misma. Sabía lo que hacía. Sabía que estaba trabajando en Hollywood y ganando terreno. No sentía la necesidad de restregárselo a la cara de los demás. Agaché la cabeza, me callé y trabajé duro. Seguí yendo a la escuela mientras iba a las audiciones y puse todo mi empeño en perseguir mi sueño. Sabía que no podía hacerles cambiar de opinión, así que canalicé mi energía hacia mis objetivos, y al final demostré que esas personas se equivocaban. Lo realmente importante fue la satisfacción de saber que me había propuesto algo y lo había conseguido.

A MEDIDA QUE
TENGAS MÁS ÉXITO
LA GENTE TRATARÁ DE
HERIRTE. DEVUELVE BIEN
POR MAL Y SIGUE TU
CAMINO.

Siempre habrá gente negativa que no quiera que tengas éxito. Cada vez que te acosen, piensa en lo desgraciadas que deben de ser esas personas. La gente enfadada no puede ser feliz, y rezo para que encuentren su felicidad y aprendan a quererse. Aquellos que no paran de escribir comentarios en redes sociales llenos de negatividad saben que nunca te verán la cara: esconderse detrás de una pantalla los hace valientes.

Y a menudo buscan llamar la atención para hacer frente a sus propias inseguridades. Céntrate en lo mejor de tu vida y, cuando las cosas te abatan, simplemente reconócelas y sigue adelante.

NO PIENSES DEMASIADO.

A menudo me resulta difícil tomar decisiones, y eso es una batalla diaria. Pienso demasiado en las decisiones, grandes y pequeñas, incluso algo como publicar una foto en Instagram. Estoy intentando aprender a confiar más en mis instintos.

Tras el final de *Entre Hermanos,* se suponía que debía hacer una audición para el papel protagonista de una nueva serie de Netflix, y mis agentes me preguntaron: «¿Te interesa ese proyecto? ¿Es la dirección que quieres para tu carrera?». La serie de Netflix era una comedia exagerada muy en la línea de *Entre Hermanos.* Quería probar algo diferente, y mi instinto me decía que no tenía que seguir por ahí. Mi madre no entendía que rechazara un papel de protagonista de una gran serie. Pero cuando se emitió, supe que había tomado la decisión correcta: no era yo, y no era donde quería que fuera mi carrera. Sin embargo, durante los meses siguientes no salió ningún trabajo, y me quedé bastante tocada. Llegué a plantearme si debía seguir actuando. Entonces surgió la oportunidad de *You,* y era el papel perfecto para empujarme exactamente hacia donde yo quería. Si no hubiera escuchado a mi instinto y rechazado el otro papel, no habría podido rodar *You.*

LA CRÍTICA ES UNA
MANERA DE SER MÁS
FUERTE, MEJOR Y MÁS
INTELIGENTE, A MENOS
QUE LA CONVIERTAS EN
UNA RAZÓN PARA
ABANDONAR.

Antes se me daba fatal recibir críticas, sobre todo en cuanto a mi trabajo. Lo veía como un ataque a mi carácter y a quién era yo como persona, más que la opinión de alguien sobre mi actuación. En última instancia, esa actitud era parte de la razón por la que no mejoraba como actriz.

Me he esforzado por aprender a aceptar las críticas con el espíritu de alguien que intenta aprender y crecer cada día. Mi padre me recuerda que cometer errores está bien, siempre que los aceptes, te responsabilices de ellos y los utilices como herramientas para mejorar. Nunca se es demasiado mayor para aprender, y la crítica es una ayuda y una dirección para mejorar, aunque resulte difícil de escuchar. Sin críticas corremos el riesgo de estancarnos y dejar de crecer. Todos las necesitamos para mejorar. Si crees que no puedes equivocarte, entonces estás abocado al fracaso. Depende de ti.

ABANDONA
TU EGO.

Cuando tienes un ego enorme, creas una idea de ti que no es realista. Hay miles de millones de personas en la Tierra, y la vida ha estado presente en nuestro planeta durante millones de años. Sí, eres especial y único, pero no estás por encima de nadie. Tu vida —y tu éxito— es una combinación de trabajo duro, el momento adecuado y oportunidad.

Cuando te desprendes de tu ego sucede lo siguiente: eres humilde y mantienes la mente abierta, estás en mejores condiciones para mejorar, aprender, crecer y absorber lo que ocurre a tu alrededor, y no estás tan seguro de ti mismo como para creer que lo sabes todo. Cuando te dejas llevar por tu ego, frenas tu crecimiento, porque ser humilde te permite aceptar nuevas ideas, aprender más y trabajar para convertirte en tu mejor yo.

Leer los papeles de las audiciones delante de mi familia antes de la prueba es una experiencia especialmente humilde. Cuando me presento a pruebas para papeles importantes, mis padres me sugieren que lea mis diálogos con toda la familia para que puedan darme comentarios y sugerencias. Me pongo nerviosa, porque son honestos conmigo como nadie más lo es. Me conocen, y me hacen comen-

tarios como si fueran fans y espectadores, y no co-
nocedores de la industria. Suelen dar en el clavo, y
aunque paso mucha vergüenza cuando leo para mi
familia, lo cierto es que casi siempre me dan los papeles para los que me ayudan a prepararme.

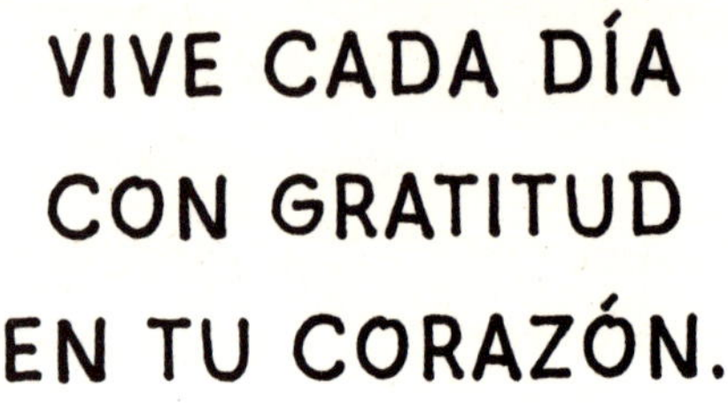

VIVE CADA DÍA
CON GRATITUD
EN TU CORAZÓN.

Estoy muy agradecida y soy muy afortunada de tener oportunidades que otras personas no han tenido. Nunca doy nada por sentado. Simplemente, nací a dos horas de Los Ángeles, y mi madre tenía un amigo en Facebook que acabó siendo director de *casting* y me ayudó a entrar en el negocio. Eso es suerte. Y nunca lo olvidaré. Muchos niños no tienen la misma proximidad, posibilidad o apoyo para perseguir sus sueños. Cuando la gente se vuelve muy egoísta, muy testaruda y olvidan de dónde vienen, se alejan de sus raíces y pasan por alto lo afortunados que son. Yo intento mantener los pies en la tierra, y centrarme en mi gratitud por poder hacer lo que me gusta cada día.

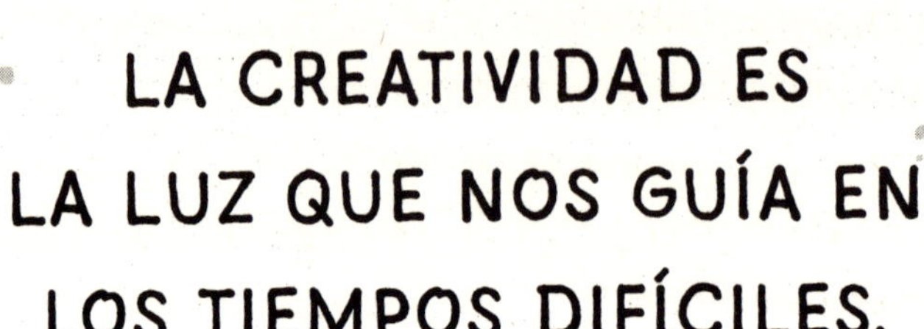

LA CREATIVIDAD ES
LA LUZ QUE NOS GUÍA EN
LOS TIEMPOS DIFÍCILES.

Me siento más inspirada para escribir o trabajar cuando me siento alicaída. Durante el periodo de mi vida en el que estaba deprimida y muy triste todo el tiempo, solo quería tumbarme en ese agujero negro que había creado para mí. Creía que jamás sería suficientemente buena, que mi vida nunca iba a ser lo bastante perfecta. Me sometía a una presión tremenda y no soportaba la posibilidad de fracasar. Pensaba que haría daño a mi familia si les fallaba y que sería una decepción. Durante meses y meses, ese miedo me atenazaba. Creo que la depresión es algo que llevas dentro el resto de tu vida y simplemente aprendes a vivir con ello de alguna manera.

A veces oigo algo o pienso cosas que me devuelven a esa época. Cada vez que eso sucede, me digo que tengo que reaccionar, levantarme, hacer algo, empezar a escribir un guion, o trabajar. No quiero volver a sentirme así nunca más, y eso es lo que me ayuda. Si me dejo arrastrar por mi tristeza, se convierte en un pozo de miseria en el que me quedo atrapada. Por eso soy más creativa cuando estoy de bajón, porque es mi motivación para seguir adelante.

APRECIA DÓNDE ESTÁS
Y DISFRUTA DEL VIAJE
MIENTRAS TRABAJAS PARA
LLEGAR A TU DESTINO.

Pienso constantemente en el futuro. Es muy fácil compararse con los demás, y me cuesta mucho apreciar mi propio éxito y el progreso que tanto me ha costado conseguir cuando veo a otros que siguen su propia trayectoria (a veces más rápida). Cuando veo a otra actriz joven hacerse con un papel en una película o un programa de televisión estupendo, que lanza su carrera de forma espectacular, no puedo evitar pensar cuánto tardé yo en conseguir algo parecido, o cómo quiero conseguir el mismo tipo de papel de alto nivel.

La interpretación es una carrera centrada en la comparación y la competencia. Siempre estoy atenta a lo que hacen los demás, sobre todo como mujer joven de color. Hay menos papeles escritos para actrices como yo, y tengo que ganarme los que no están necesariamente pensados para mí. Esto puede ser duro o motivador, según el día, pero forma parte del trabajo.

Después de siete años, a menudo pienso en lo que aún no he conseguido. Tiendo a ver mi trabajo como una carrera contra mí misma. No siempre me tomo el tiempo de dar un paso atrás y reflexionar sobre lo lejos que he llegado y lo mucho que he crecido. Este año, he luchado por permanecer centrada en el presente. Me esfuerzo más que nunca por apreciar de verdad lo que he conseguido, y considerar cada paso hacia mis objetivos como parte de un hermoso viaje lleno de crecimiento.

LA VIDA ES DEMASIADO
CORTA PARA SENTARSE
Y ESPERAR A QUE LLEGUEN
LAS OPORTUNIDADES.
A VECES TIENES QUE
ABRIR LAS PUERTAS
TÚ MISMO.

En una ocasión, cuando me dijeron que no me daban el papel en otra gran película para la que me había presentado, me quedé destrozada. Había ido a varias pruebas y puesto todo mi corazón en conseguir el papel. Estuve a punto de lograrlo, y cuando me enteré de la noticia, pensé: «Bueno, otra puerta que se me cierra en las narices». Mi familia me consoló recordándome cuántos papeles se me presentarían en el camino.

No dejaba de pensar en cómo convertir lo que parecía un fracaso en una oportunidad. Siempre había querido guionizar, producir y dirigir, y parecía el momento perfecto para empezar. En lugar de esperar a que me llegaran nuevos proyectos, tomé la iniciativa y me lancé al proceso creativo de escribir y desarrollar mi propio proyecto.

En este momento, tengo unos veinte guiones diferentes aún incompletos en Final Draft, y me encanta tener un lugar donde plasmar la inspiración que me llega de cualquier parte y en cualquier lugar. Trabajar en mis proyectos me da esperanza. Algunas de las mayores historias de éxito son de creadores autodidactas que se lanzan a rodar los proyectos que los catapultaron al siguiente nivel. No esperes a que te den permiso.

EL FUTURO ES
LO QUE TÚ DECIDAS,
ASÍ QUE SUEÑA
A LO GRANDE.

Los grandes sueños te ayudan a descubrir quién eres y te abren a un mundo de posibilidades. Al salir y perseguir tus sueños, te preparas para una vida de felicidad en la que verás que tus objetivos se hacen realidad. Yo soy un ejemplo de cómo soñar a lo grande puede dar sus frutos. Muchas chicas quieren ser actrices, pero no todas convierten esos sueños en realidad. Mi carrera es el resultado de soñar a lo grande.

Cuando era pequeña, primero quise ser astronauta, después la primera mujer presidenta, y luego actriz. Actuar era accesible, y algo que podía lograr inmediatamente. Después de anunciar a mi familia que eso era lo que quería hacer, mi tozudez entró en acción. Entonces llegó el momento de trabajar duro. Mis padres siempre creyeron en mí y me apoyaron, pero lo cierto es que era un sueño muy descabellado para una cría de ocho años del Valle de Coachella. Me lo tomé como una oportunidad para demostrar a la gente que se equivocaba, algo que me encanta hacer. Empecé a formarme, a ver todas las películas que podía, a practicar en el espejo, a actuar para amigos y familia y también a rezar. Aun así, era poco probable conseguirlo, pero se hizo realidad gracias al apoyo de mis padres y a la buena suerte. Pero la cuestión es esta: no hay ninguna desventaja en soñar a lo grande, y si te niegas a ti mismo esos sueños, tu vida será más pequeña.

LAS ESTRELLAS FUGACES
SE QUEMAN RÁPIDO.

En la industria del entretenimiento, he observado que algunos actores trabajan mucho durante años para alcanzar el éxito, y se lanzan a la fama de inmediato. Mucha gente quiere ese éxito rápido e innegable. No se trata de quién llega más rápido, sino de quién está desarrollando sus habilidades y construyendo una carrera de la que se sientan orgullosos. Creo que es importante recordar que las estrellas fugaces se queman rápido. Cuando pienso que llevo en esto cinco años y, de repente, este actor o aquella actriz consigue los trabajos que quiero, me acuerdo de actores como Nicole Kidman o Viola Davis. Trabajaron durante mucho tiempo antes de obtener el reconocimiento que merecían. La vida es longevidad. Sé paciente y nunca dejes de avanzar hacia tu objetivo.

De vez en cuando, alguien o algo me hace saber que he marcado la diferencia. Mi padre y yo estábamos paseando por un centro comercial el otro día, y escuché a un chico decir a sus amigos: «Oh, esa es Jenna Ortega». Es increíble que la gente conozca mi nombre.

La mayor parte del tiempo vivo en mi propio mundo y siento que nada ha cambiado desde que era pequeña. Esos momentos me sacan de mi burbuja y me recuerdan que estoy haciendo algo muy público, algo que llega a gente de todas partes. Es reconfortante saber que la gente me apoya a mí y a mi carrera, y no podría estar más agradecida.

SIN ALGUIEN
A QUIEN ADMIRAR,
¿QUÉ HAY PARA
CONSTRUIR?

Tener un modelo a seguir —o muchos— es una forma estupenda de estar inspirado para convertirte en tu mejor yo. Ver los éxitos y los riesgos que corrió la gente que admiro me ha animado a pensar a lo grande. Pero los modelos no son solo gente famosa; también pueden ser las personas que admiras y respetas por su ética del trabajo y su carácter.

Gina Rodriguez es uno de mis mayores referentes. La conocí cuando tenía once años e interpretaba la versión más joven de su personaje en *Jane the Virgin*. Dedicaba tiempo a estar y conectar conmigo en el plató. Me dio consejos que me animaron y me apoyó mucho, me impulsó a ser fiel a mí misma, estar preparada y no desanimarme nunca. Me dijo: «Estoy muy orgullosa de ti. Estamos juntas en este viaje». Cada vez que la veo, me sigue dando grandes consejos.

Ver a una joven actriz latina triunfar significó mucho para mí. Cuando era niña, podía contar el número de actores latinos famosos con los dedos de una mano. No ver gente que se pareciera a mí o con la que pudiera identificarme en la televisión era duro y desalentador. Cuando alguien te inspira, te lleva a preguntarte cómo puedes convertir tu pasión en algo significativo. Es importante admirar a alguien, admirar el bien que hace e inspirarte para influir en tu propia vida.

QUIÉRETE

SOLO TIENES UNA VIDA.
ARRIÉSGATE Y EXPRESA
TU VERDADERO YO EN
LUGAR DE ESCONDERTE
DETRÁS DE LO QUE CREES
QUE QUIEREN LOS
DEMÁS.

Puede parecer que haya mucha presión para encajar en un determinado molde, pero ahora es el momento para salir y probar cosas nuevas. ¡Diviértete! Sé tú mismo. No hay nada malo en arriesgarse en cuanto a belleza y moda. Es una gran forma de autoexpresión, y está bien ser diferente de los demás. Ten confianza en tus propios gustos. Por ejemplo, cuando estoy en casa y no trabajo, me gusta estar cómoda por encima de todo. Llevo camisetas holgadas, pantalones de chándal y mis sudaderas favoritas. Para mí no hay nada mejor que la comodidad.

Cuando me pongo elegante, para trabajar o para estrenos, me gustan cosas bastante diferentes de lo que suelo llevar. Mi estilo más formal está muy fuera de lo común y me empuja a salir de mi zona de confort. Mis iconos de estilo son personas que realmente van más allá y llevan la moda al siguiente nivel, como Zendaya, Billy Porter y Lady Gaga. ¡Me encanta cómo cuentan una historia con la ropa que se ponen! Mi estilo es más bien masculino: no me atraen la ropa femenina, el color rosa o los lazos. Me encanta el estilo rockero y atrevido de Gwen Stefani, y también prefiero los estilismos elegantes y estructurados.

PONTE LO
QUE QUIERAS
Y LLÉVALO CON
APLOMO.

Una de las apuestas en estilismo y moda más arriesgadas y exitosas que hice fue en 2017, en el estreno de *Spider-Man: Homecoming*. Enrique y yo repasamos las opciones de vestuario la noche anterior, y no me entusiasmaba ninguna. Me enseñó un conjunto de traje pantalón interesante, pero me parecía un poco soso. El pantalón negro entallado se combinaba con un top blanco de un solo hombro y tacones de aguja con tachuelas. En teoría me gustaba, pero no estaba segura de que fuera el *look* adecuado para el estreno de una película de Marvel. Sabía que tenía que haber algo más joven y divertido. A mi brillante estilista se le ocurrió que su amigo artista pintara con aerosol la camiseta con la palabra «SHOOK» en un bocadillo de cómic. Lo hicimos, sin saber cómo quedaría.

Cuando el artista me devolvió el conjunto, me encantó, pero pensé que no podría llevarlo y que llamaría demasiado la atención en el estreno de una película en la que ni siquiera participaba. Enrique me convenció para que corriera el riesgo. Me preocupaba que fuera demasiado temático y atrevido, pero al final, ¡el conjunto me encantó!

MUEVE EL CUERPO.

Tienes que cuidarte, pero puedes experimentar y decidir qué funciona para ti. Jugar al aire libre, hacer ejercicio y relacionarte con tus seres queridos son excelentes formas de activar tu cuerpo y tu confianza. Cuando estoy demasiado ocupada, tiendo a eliminar el ejercicio de mi agenda, y entonces me siento aún peor. Pero cuando hago ejercicio de forma regular —incluso un ejercicio ligero en mi habitación o una carrera rápida por el barrio— me siento mejor, más tranquila, satisfecha. Eso es lo bueno de las endorfinas.

Lo más difícil es tomar la decisión de hacer ejercicio, pero luego te sentirás muy bien y orgullosa. A veces es más fácil ponerse las zapatillas y ya. Aunque lo dejes para más tarde, probablemente saldrás y harás algo una vez que te hayas atado los cordones. ¡Aprovecha ese impulso!

LO MÁS BONITO QUE
TE PUEDES PONER
ES TU CONFIANZA.

Llevo mucho tiempo luchando con mi confianza, y era una persona muy insegura. Miraba a las chicas en las redes sociales y sentía envidia de su aspecto. Cuanto más miraba sus fotos, más me daba cuenta de que todas tenían algo en común: la confianza. Mientras vayas con la cabeza bien alta por la vida, la gente pensará que estás estupenda. Y lo que es más importante, también tú lo notarás.

La verdad es que hasta que no te sientas realmente segura en tu propia piel y en tu propia vida, no podrás dejar huella. Me di cuenta de que mirar las fotos bonitas de *influencers* e iconos de estilo en las redes me provocaba inseguridad. Empecé a pasar menos tiempo conectada, para centrarme más en mí. Y cuando me siento bien con lo que hago, puedo apoyar a los demás sin sentir envidia.

CUANTO MÁS
TIEMPO PASAMOS EN
REDES SOCIALES, MÁS
SE MELLA NUESTRA
AUTOESTIMA.

Vivimos en una cultura en la que no parecer lo bastante glamuroso o ser lo suficientemente incitante está mal visto. Esos estándares poco realistas siempre reciben comentarios elogiosos como «¡Qué cuerpazo!» o «¡Hermosa!». (Ya solo con teclear estas palabras siento que el alma me abandona el cuerpo). La gente empieza a depender de esos comentarios, porque les encanta la respuesta positiva instantánea, pero se sienten dolidos si no obtienen el mismo nivel de entusiasmo y elogio cada vez. Esto los empuja a esforzarse más y a pasar mucho tiempo en las redes sociales, atentos a lo que funciona y a lo que no.

Ansiamos la aprobación de los demás y acechamos cuentas de gente que querríamos ser. Si tan solo pudiéramos parecernos a ellos, ser divertidos como ellos, tener una vida increíblemente divertida como la suya…

Por eso intento no dar mucho valor a lo que ocurre en las redes sociales. No me preocupo de cuántos «me gusta» o comentarios recibe una publicación. Mientras me sienta bien y orgullosa del contenido que cuelgo, estoy satisfecha. Ninguna opinión me importa tanto como la de mi familia y mis amigos íntimos, aunque me alegra tener una comunidad positiva de seguidores. Estoy agradecida por el apoyo de todos mis fans, y todo lo que puedo hacer es difundir amor y luz, ser fiel a mí misma y hacer lo que me hace feliz.

ERES SUFICIENTE
TAL Y COMO ERES.

Hay demasiada presión puesta en «ser uno mismo», como esas cuentas de Instagram que eligen el filtro exacto para que sus fotos parezcan naturales. Existe la expectativa de que «ser tú mismo» es no salir nunca sin al menos algo de maquillaje. No sea que alguien sepa que tienes un grano. Pero no necesitas maquillaje. No necesitas ese filtro. No eres perfecta, y tu vida no es perfecta, porque la de nadie lo es. Pero lo que eres y lo que haces es suficiente.

SÉ SIEMPRE
LA MEJOR VERSIÓN
DE TI, EN LUGAR DE
INTENTAR SER
CUALQUIER VERSIÓN
DE OTRA PERSONA.

Cuando me hice perfiles en redes sociales, tenía unos once o doce años. Probablemente era más joven de lo que debería, pero me parecía importante para mi trabajo. Empecé a seguir a las personas que me sugerían las plataformas, o que mis amigos seguían: *influencers*, expertos en belleza, algunos cómicos, diversas personalidades famosas. Me quedé impresionada al ver sus publicaciones, cuántos seguidores tenían y lo guapas y perfectas que parecían. Aún no era insegura, pero me dejé influir fácilmente por lo que hacían esas personas. Empecé a pensar que debía vestirme como ellos, o parecerme a ellos, o contar chistes de la misma manera.

Pero no me funcionaba. Estaba creando un personaje y proyectaba alguien que no encajaba con mi verdadera personalidad. A veces repetía chistes de Instagram o de YouTube para ver qué pensaba mi familia, y se quedaban callados y se miraban como diciendo: «¿Qué está pasando?». Tuve que aprender que se puede apreciar el talento y la apariencia de otras personas, o incluso inspirarte en ellos, pero eso debe complementar tu identidad natural en lugar de sustituirla. Explora lo que te gusta, sigue probando cosas, descubre lo que te apasiona, pero nunca entierres lo que ya sabes que es verdad.

QUERERTE ES UN VIAJE.

No sucede de la noche a la mañana, todos tenemos inseguridades. Cuando era más joven, era una payasa: actuaba, buscaba atención, hacía el tonto y me encantaba. Sin embargo, hacia los trece años, no me gustaba nada de mí. Empecé a cuestionar mi aspecto y cómo me comportaba. Estaba tan ocupada dudando de mí misma, que durante un tiempo perdí de vista quién era realmente. Ahora vuelvo a conocerme y a quererme. Me he comprometido a aprender cada día algo nuevo sobre mí. Algunas cosas me gustan y hay otras que quiero trabajar. No siempre tengo confianza y no soy perfecta en absoluto. Pero incluso en ese viaje para mejorar y crecer, encuentro maneras de quererme un poco más. Amarte significa aceptar tus inseguridades y los así llamados defectos, y aprender a aceptarlos y a celebrarlos.

ESTÁ BIEN SER
AFORTUNADO DE
MUCHAS MANERAS
Y SEGUIR TENIENDO
PROBLEMAS. ESTÁ
BIEN NO ESTAR
BIEN.

La primera vez que fui a mi terapeuta y hablé de verdad con alguien sobre mis sentimientos, me sentí avergonzada. Pensaba que no tenía derecho a quejarme o sentirme triste. Hay gente cuyas vidas son mucho más duras que la mía. ¿Cómo podía estar deprimida? Me costaba abrirme con el psicólogo porque no quería que pensara que era una desagradecida o una quejica. Me importaba tanto lo que pensaran los demás que casi prefería sentirme mal a que me juzgara. Pero no podemos pensar así. Todos tenemos derecho a nuestros sentimientos.

Permitámonos tener días malos. Sé paciente contigo mismo, pero no dudes en buscar ayuda. Me costó mucho reconocer ante mi psicólogo cómo me sentía, aunque, en retrospectiva, estoy muy agradecida de haberlo hecho. La recuperación o la paz pueden ser caminos largos, pero para que empiecen tienes que pedir ayuda y trabajar.

LAS ETIQUETAS SON LÍMITES.

Toda mi vida me han etiquetado, ya fuera por ser una chica interesada en deportes «diferentes» o política, o más tarde como joven actriz con una postura clara sobre la justicia social.

Cuando era pequeña, quería ser la primera mujer presidenta de Estados Unidos, y la gente me decía que eso no iba a suceder «de ninguna manera». Ya sabes, porque «las chicas no pueden ser presidentas». Creí en las etiquetas mucho tiempo, porque durante años me dijeron que eran ciertas. Esa idea se me quedó incrustada en la cabeza hasta que crecí, y me di cuenta de que no tenía que dejar que las etiquetas y los límites me impidieran probar nuevas experiencias, cruzar barreras o relacionarme con nuevas personas.

La presión por encajar en una determinada caja puede atrofiar tu creatividad. Pero tú tienes el control de tu vida, y puedes decidir de qué personas te rodeas, qué aspecto tienes y qué pasiones quieres perseguir. Ahora que he renunciado a estas etiquetas, me gusta ver cómo se abre ante mí un mundo de personas sin límites.

DEJA DE COMPARARTE
CON LOS DEMÁS.
TÚ ERES TÚ, Y
ESO ES ALGO QUE
LOS DEMÁS NUNCA
PODRÁN SER.

La gente es demasiado dura consigo misma. Para los que tienen baja autoestima, la comparación con los demás es tóxica. Y creer que no puedes estar a la altura de alguna manera puede aislarte del mundo. Es importante ser sincero al respecto, porque muchas personas pasan por lo mismo, incluso aquellas que crees que son absolutamente perfectas. ¿Y quién sabe si no hay, en este mismo momento, alguien mirándote y comparándose contigo?

LO QUE REALMENTE
IMPORTA ES LO QUE
LE DAS AL MUNDO:
TU ENERGÍA, TU
PERSONALIDAD,
TU BONDAD.

No soporto el materialismo. Cuando empecé a trabajar y a pasar más tiempo en Los Ángeles, una de las primeras piezas de diseño que me compré fue una mochila de gama muy alta. Pero la cuestión es que no me importaba la mochila. Solo la compré porque me sentí presionada. El amigo de una amiga con la que estaba me animó a hacerlo, diciendo que, dado que iba a ir a más eventos, tendría que estar guapa y arreglada. Mi madre también me animó, porque según ella no suelo darme caprichos. Así que la compré, lo cual fue una auténtica tontería. ¿Cuántas veces has conocido a alguien y has pensado: «Oh, vaya, tiene cosas muy bonitas. ¡Seguro que es una gran persona!»? NUNCA. Las mejores personas que conocerás en la vida son gente con la que conectas y que sientes que son honestas y auténticas. Eso no tiene nada que ver con qué bolso o qué zapatos llevan, o qué hay colgado en su armario. Compra y ponte lo que te haga feliz.

NADIE SABE MEJOR QUE TÚ LO QUE TE HARÁ FELIZ.

Supongamos que estás hablando con alguien que te gusta mucho. Y, como estás nervioso, no estás seguro de cómo contestar a un mensaje de texto que te ha enviado. Así que haces lo que muchos hacemos, que es pedir a cinco amigos su opinión. Antes de que te des cuenta, estás escribiendo una respuesta en grupo y votando cada palabra y emoji.

Es la oportunidad perfecta para tomar tus propias decisiones. Confía en responder a la persona que te gusta con lo que se te ocurra. Si se animan y aprecian tu sentido del humor, ¡eso es una conexión genuina! Si no, a lo mejor no está destinado a ir más allá. Pero nunca lo sabrás si es tu mejor amigo quien te ayuda a redactar los mensajes.

Tienes que confiar en ti. Te lo dice alguien que ha pasado muchos años anteponiendo las ideas, las opiniones y la ideología de los demás a las suyas. Al fin he aprendido que nadie sabe lo que es mejor para ti que tú mismo.

CREE EN
TU PODER

ME IMPORTA.
Y A TI TAMBIÉN
DEBERÍA
IMPORTARTE.

En junio de 2018 asistí a los Radio Disney Music Awards y llevé uno de los conjuntos más polémicos de mi vida. Yo presentaba parte de los premios, y sabía que era una oportunidad de utilizar la atención de los medios para enfocar una injusticia que me disgustaba. En aquel momento, en las noticias hablaban muy a menudo acerca de los centros de detención de inmigrantes, y la primera dama Melania Trump visitó los campos vistiendo una desafortunada chaqueta que decía «Realmente no me importa, ¿a ti sí?». Me pareció poco apropiado e insensible. Tenía pensado llevar una chaqueta verde de estilo militar parecida al evento, así que trabajé con mi estilista para utilizar la moda como respuesta. Mi chaqueta llevaba lo siguiente escrito en la espalda: «Me importa. Y a ti también debería importarte».

Necesitaba compartir este mensaje en un gran escenario. Me importan mucho los demás, y me importan mucho los que están detenidos en los centros de la frontera mexicana. Recibí algunos comentarios negativos de los espectadores, pero también hubo muchos positivos. La mayoría de la gente evita hablar de estos temas por miedo a ofender a alguien o a perder apoyos u oportunidades. Al contrario, yo animo a mis seguidores a que defiendan aquello en lo que creen. No podemos cambiar las cosas sin usar nuestra voz.

NUESTRAS VOCES SON UNA HERRAMIENTA PODEROSA PARA EL CAMBIO. TAMBIÉN LO ES NUESTRO SILENCIO.

En 2018, me fui a un increíble viaje a Kenia con la organización sin ánimo de lucro WE, dedicada a transformar vidas a través del cambio social a nivel nacional e internacional.

Viajamos a Kenia porque allí muchas comunidades no tienen acceso a agua potable, y muchos niños no tienen acceso a la educación. WE trabaja para recaudar dinero y construir infraestructuras para pozos de agua potable y escuelas. Tuve la suerte de ser una de sus voluntarias en este viaje.

Fue una experiencia que me cambió la vida y me hizo ver las cosas desde otro punto de vista. Trabajamos para concienciar a la gente acerca de la importancia del abastecimiento de agua y la educación, y construimos escuelas, trabajando con la comunidad para mezclar y verter el hormigón. Es fácil olvidar lo afortunada que soy, y dar por sentadas necesidades básicas como el agua potable. Hasta que hice esa caminata con algunas mujeres keniatas, nunca había pensado en el reto que supone caminar kilómetros cada día para conseguir agua que ni siquiera está limpia.

Cuando volvimos a Estados Unidos, WE organizó un día de silencio para concienciar sobre los problemas en Kenia. Todos los voluntarios, simpatizantes y embajadores nos mantuvimos alejados de las apariciones públicas y de las redes sociales. En su lugar, reflexionamos sobre el privilegio y sobre cómo podemos ayudar a los demás.

LA GENTE DE
DIFERENTES
COLORES Y
ORÍGENES
DEBE VERSE
REPRESENTADA.

De pequeña, no veía mucha diversidad en la pantalla. Veía a Dakota Fanning y admiraba sus dotes interpretativas, y pensaba: «Yo podría ser la Dakota Fanning latina». Si imaginaba mi futuro como actriz, pensaba en ser la versión latina de otra persona. Ser solo yo no era una opción.

Cuando tuve la oportunidad de poner voz a la princesa Isabel en la serie animada de Disney *Elena de Avalor*, nunca soñé que Elena sería el modelo a seguir latino con el que había soñado. No me di cuenta del enorme impacto del personaje hasta que fui a Walt Disney World, cuando Elena se estrenó en los parques. Se había previsto que saludara a los jóvenes fans y vendiera vestidos y productos de la línea Elena. Vi a niños de todos los colores haciendo cola para conocerla y comprar sus muñecas y juguetes. Unos días después, en Target, vi a una niña con una muñeca de Elena en la mano, saltando y diciendo: «¡Se parece a mí!». La alegría en la cara de aquella niña hizo que todo tuviera sentido.

Cuando tenía cuatro años, le pregunté a mi madre si podía teñirme el pelo de rubio para parecerme a Cenicienta. Esta generación tendrá una princesa Disney que se parecerá a ellas. Es a la vez un orgullo y una cuestión de curación personal para mí que mi personaje les haya podido brindar eso.

INVITA A LA
GENTE A COMPARTIR
SU VERDAD
CONTIGO.

Hay mucha gente en Los Ángeles, y en Hollywood en concreto, que intenta decirte lo que quieres oír. Un día estaba en el plató y pedí opiniones sobre una escena. Siempre que el guionista está en el rodaje, trato de escuchar lo que piensa. Quiero asegurarme de que estoy llevando mi interpretación por donde tenían en mente. En este caso, el guionista se limitó a proferir cumplidos. Eso no es útil para mí. El escritor elabora la historia, y yo quiero asegurarme de que soy fiel a su visión para que podamos colaborar y conseguir un resultado final del que todos estemos orgullosos. Eso no sucede si la gente se muerde la lengua y evita decir algo importante.

ACEPTA TUS
DIFERENCIAS.
RODÉATE DE
QUIENES TE
ELEVAN, NO
DE LOS QUE
TE HUNDEN.

Cuando estaba en el instituto, tenía que ir mucho a Los Ángeles para trabajar. En aquella época, tenía un círculo de amistades que me hacía sentir mal cada vez que tenía que dejar la escuela. Se burlaban de mí y decían que me creía mejor que ellos. Eran los que iban conmigo a clase y que veía a la hora de comer, todos los días. No creía que pudiera alejarme de ellos. Tardé bastante en darme cuenta de cómo sus palabras se infiltraban en mis pensamientos. Siempre intento ser la amable pacificadora, y dar a la gente el beneficio de la duda. Pero al cabo de un tiempo, me di cuenta de que mis supuestos amigos me deprimían con su constante negatividad. Cuando te rodeas de energía negativa, puede pasarte factura sin que te des cuenta. Empieza a cambiar quién eres como persona.

Acabé encontrando nuevos amigos a los que quería, e incluso volví a conectar con algunos antiguos de antes del instituto. Las nuevas personas en mi vida eran positivas, comprensivas y auténticas. Me hacían sentir bien.

TODO EL MUNDO
SIENTE CELOS.
TU CARÁCTER SE
DEFINE POR CÓMO
HACES FRENTE A
ESE SENTIMIENTO.

Los celos me parecen un sentimiento peligroso y tóxico. Creo que hay mucha envidia y celos en las relaciones: quién sale con quién, a qué amigo invitan a dónde y con quién. No siempre participo en todo lo que hacen mis amigos, y es normal. Hago mis propias cosas y disfruto estando sola. Sé que mis amigos y yo pasaremos mucho tiempo juntos y nos apoyaremos mutuamente.

La inseguridad y la envidia suelen afectarme más en el plano laboral. Si otra persona consigue un papel que yo quiero, por supuesto que siento una punzada de envidia. Pero no dejo que esa emoción me domine. He aprendido a convertirla en motivación. Si te recreas en la envidia, quedas anclado en la negatividad. He tenido que esforzarme durante años para superarla y, por suerte, ahora es un sentimiento que no dura más de un segundo.

Llevo un diario para ayudarme a lidiar con ello. Escribo pensamientos positivos y llenos de amor para recordarme que la envidia es una emoción humana y natural, pero también una distracción que me aleja de mi verdadero objetivo.

SÉ EL BIEN
QUE BUSCAS
EN LOS DEMÁS.

Deja de criticar y céntrate en lo bueno. Intenta encontrar formas de ser positivo. Si una sola persona de tu círculo de amigos es positiva, puede que otra interiorice esa energía. No se trata de negar que a veces todos pasamos por días malos o nos sentimos mal, pero nos definimos por la mirada con la que enfocamos el mundo, y por cómo gestionamos nuestros estados de ánimo. ¡Imagina si todo el mundo trabajara para centrarse en la energía positiva!

El año pasado volvía a casa desde Los Ángeles con mi madre. Era otro largo viaje en coche y me sentía abrumada. Mi madre intentaba entablar conversación y hacerme reír, pero yo seguía de mal humor. Finalmente, me dijo: «Jenna, a veces es difícil estar contigo. Puedes ser muy negativa».

Me quedé atónita. Nunca había pensado en mí misma de ese modo. Nunca me había parado a reflexionar en cómo mis estados de ánimo o mi negatividad afectaban a las personas que amaba. Fue un momento que me cambió. Me di cuenta de que, si mi energía negativa estaba afectando a mi relación más cercana, entonces también afectaba al resto de la gente con la que interactuaba. Empecé a fijarme en lo que transmitían otras personas y me di cuenta de lo mucho que conecto con la gente positiva y extrovertida, que ilumina una habitación riéndose y divirtiéndose. Pero nunca había pensado en ser esa persona para los demás. Tardé un tiempo en darme cuenta de que podía generar esa energía positiva y reflejarla en otra gente.

HACE FALTA
SER MUY FUERTE
PARA PEDIR AYUDA.

Para alguien obstinado y a quien consideran independiente, pedir ayuda ha sido una lección difícil de aprender.

Antes de rodar *Entre Hermanos,* había estudiado toda mi vida en la escuela pública. Cuando empecé a tener que ir al plató, tuve que optar por estudiar en casa y con los profesores que el estudio me ponía. Tenía miedo de pedir ayuda porque no quería dar la sensación de que no podía hacerlo sola. Empecé a estudiar álgebra y, aunque ahora me encanta, en aquel momento me sentía muy perdida. Recibí una llamada de mi profesora de matemáticas del instituto, que estaba revisando y evaluando mi trabajo escolar, y fue directa al grano: «Jenna, está claro que tienes problemas para entender esto. ¿Por qué no pides ayuda a tu tutor?». Al final cedí y pedí ayuda a mi profesor en el rodaje, que me explicó bien los conceptos y trabajó conmigo. De repente, mi mente se abrió y todo cobró sentido.

Me había creado la idea de que era alguien que no debía pedir ayuda, que era demasiado independiente, autosuficiente y adulta. Afortunadamente, me di cuenta a tiempo de que eso era señal de obstinación, no de independencia. No hay nada malo en pedir ayuda. De hecho, es un signo de madurez y crecimiento.

TU VALOR
PROVIENE DE TU
INTERIOR, NO DE
LOS DEMÁS.

Con demasiada frecuencia dejamos que nuestras inseguridades y preocupaciones dicten quiénes creemos que somos y las normas que nos imponemos. Es importante recordar que todas las vidas tienen el mismo valor. Todos pasamos por las mismas cosas, así que dejad de hacer comparaciones y empezad a apoyaros unos a otros.

Una vez tuve una amiga que era dulce, hermosa y con mucho talento. Recuerdo que me sentía increíblemente insegura cuando me comparaba con ella. Pensar eso me hacía sentir mal. Mientras tanto, no sabía que ella se sentía igual respecto a mí.

He aprendido a admirar las cualidades positivas de los demás sin cambiar lo que pienso sobre mí. Cada vez que veo a alguien cuyo aspecto me encanta, o que es muy divertido, o que tiene una gran sonrisa, se lo digo. Te convierte en una persona más positiva, y hace que todo el mundo se sienta bien. Elogiar a otra persona no te hace ser inferior.

DEJA QUE TUS ACCIONES HABLEN POR TI.

No creo en las exageraciones ni en el *hype*; creo en el trabajo y en los resultados. Hay gente que gasta mucha energía en crear nuevos proyectos y no para de hablar de ello, pero acaban siendo propuestas endebles y que no merecen todo ese entusiasmo. Es fácil dedicar más tiempo y energía en crear expectación cuando el proyecto no llega a cumplir las expectativas que te habías creado. Para mí es más satisfactorio trabajar mucho en algo sin que nadie lo sepa, y luego dejar que mi interpretación hable por sí sola.

¿POR QUÉ QUIERES QUE SE TE RECUERDE? EL MAÑANA NO ESTÁ ESCRITO, LA GENTE TE RECORDARÁ POR LAS COSAS QUE HAGAS HOY.

Cuando eres joven crees que puedes hacer lo que quieras, que tienes mucho tiempo para madurar y llegar a ser la persona que quieres ser. Pero la forma en que tratas a la gente y cómo actúas es lo que eres. Y así es como te recordarán.

Cuando estoy en el plató y esforzándome al máximo, a veces estoy tan inmersa en lo que tengo que hacer para sacar lo mejor de mí que doy por sentada toda la ayuda y el trabajo que hay a mi alrededor. Por eso me parece tan importante dar las gracias a cada miembro del equipo y ayudante de producción que se esfuerza en su trabajo para que yo pueda esforzarme al máximo en el mío. Expreso mi gratitud hacia el equipo todo el tiempo. Pienso en cómo quiero que me recuerden, y eso implica que reflexiono más acerca de mis actos. Intento no dar nada por sentado, porque sé que en un instante podría perderlo todo.

EXPRÉSATE PARA LOGRAR
UN CAMBIO POSITIVO,
NO IMPORTA LO DIFÍCIL
QUE SEA EL TEMA,
LO MUCHO QUE ESTÉ
EN JUEGO, O
LO GRANDE QUE SEA
EL ESCENARIO.

En 2017, hablé en las Naciones Unidas sobre mi experiencia con la organización UNAIDS para concienciar sobre el VIH. Pronuncié mi discurso ante una sala llena de líderes mundiales, diplomáticos y activistas. Estaba muy nerviosa cuando hablaba con el primer ministro de Uganda, que estaba sentado a mi izquierda, y con el presidente de Francia, a mi derecha. Hubo muchos discursos ese día, la mayoría sobre datos y estadísticas, pero yo hablé con el corazón en la mano sobre la muerte de mi abuelo a causa del SIDA y de los estragos que ha causado en mi familia. Es algo de lo que no había hablado públicamente, pero sabía que era una oportunidad para compartir los efectos tan devastadores de esta enfermedad en nuestra familia.

Mi abuelo falleció antes de que yo naciera. Era artista y se declaró gay más tarde. Siento una profunda conexión con él, porque heredé su habilidad para la actuación y el espectáculo. Mientras hablaba de él en la ONU, empecé a llorar por la emoción del momento. Me sentí muy vulnerable, pues era la persona más joven de la sala. Durante el discurso, los asistentes dejaron de comer para mirar hacia el escenario. Las conversaciones se ralentizaron y luego cesaron para escucharme. Después de mi discurso, uno de los ministros de asuntos exteriores, que inicialmente no me había prestado atención, se acercó y me pidió continuar la conversación. Fue un gran día para mí. Sentí que estaba a la altura de lo que estaba en juego, y eso era lo que realmente importaba.

PUEDES HACER
LO QUE QUIERAS.

Hace falta valor para explorar tus pasiones y seguir tus ambiciones. Si has soñado con escribir una novela, si has fantaseado con componer e interpretar una canción original, si ser capitán de tu equipo de fútbol es tu sueño, ve a por ello. Puede que no dispongas de todos los recursos o los conocimientos o habilidades que necesitas, pero puedes empezar. Y, quién sabe, quizá empieces a escribir música o vayas a clases de interpretación y te des cuenta de que no es para ti. Pero, a través de esa experiencia, aprenderás sobre el trabajo duro, practicarás lo que te interesa y puede que conozcas a nuevos amigos que te introduzcan en otra actividad interesante. Lanzarte a la piscina siempre es una buena idea. Experimenta y aprende todo lo que puedas.

Aunque el fracaso puede asustar e intimidar, perseguir tus sueños merece mucho la pena. No dejes nunca que tus miedos te impidan luchar por tus objetivos. Tú eres el dueño de tu propia historia. No dejes que nadie la escriba por ti.

ACERCA DE LA AUTORA

Jenna Ortega es una galardonada y famosa actriz, con gran presencia en los medios de comunicación. Además de protagonizar el éxito *Miércoles*, *El día del sí*, *Elena de Avalor*, *Jane the Virgin*, *You* y *La Niñera 2*, Jenna colabora con el Centro Nacional de Prevención de Bullying y la AIDS Healthcare Foundation, y también es el nuevo rostro de Neutrogena.

Cuando no está actuando, Jenna dedica su tiempo a debatir sobre la representación latinx en los medios de comunicación, escribir guiones y estar con su familia en el Valle de Coachella.

Esperamos que haya disfrutado
de *Todo es amor*,
de Jenna Ortega,
y le invitamos a visitarnos
en www.kitsunebooks.org,
donde encontrará más información
sobre nuestras publicaciones.

Recuerde que también puede seguir
a Kitsune Books en redes sociales
o suscribirse a nuestra *newsletter*.